法王さま、親鸞が答えます

——なぜ、わたしはクリスチャンにならなかったか

入井善樹 著

国書刊行会

はじめに

私は寺に生まれた関係で、人よりは宗教に関心があったように思う。高校時代には、キリスト教は美しい宗教として秘かに憧れ、『新約聖書』を手に入れ読んでいた。そして、入信してもいいと考えていた。

仏教は葬式に関わり、人の悲しみを利用して生きている宗教だと、僧侶になることに抵抗があった。だが、両親は信心深く念仏を喜んでいたので、親に反抗するほどの勇気もなく、ズルズルと大学に入った。私は理数系の人間で、仏教は文化系だから自分には合わないと思っていた。しかし京都の龍谷大学に入り、本格的に仏教を学び、理数系の頭が必要だったとわかって、段々面白くなり興味が湧いてきた。

そのころにも、教会に時々通う程度の関心があった。カトリックは厳しそうで、どちらかといえばプロテスタント系の教会のほうを選んでいた。その私が、キリスト教を捨てて仏教に人生を懸けようと思ったのは三回生の冬で、来年度には卒業すると意識し始めたころです。寺に帰って門信徒に話すネタ探しということで、朝夕、総会所に通うようになった。三、四カ月ほど続けたある夜、何度も聞いてきた『歎異抄《たんにしょう》』九章の「喜べない」ことに親鸞さまが答えた話がありますが、その日に限ってどうしたことか、〝そうだったか。そこまでアミダ仏は私を知り抜いていた〟という大きな歓喜を覚えた。それから二週間ほどは、涙が止まらなかった。昼間の授業中は涙を抑え、夜、布団を被って泣いた記憶があります。〝よし、浮浪者をしても僧侶となって頑張ろう〟という決意を持った。

卒業後、伝道院に入り伝道者としての道を選びました。自坊に帰ったものの、毎日十五戸の門信徒の月忌まいりにうんざりしたが、『聖典』を持って一軒に二頁の繰り読みを始めると続きが読みたくなり、楽に回ることができるようになったのです。かくて、四十六年で四百回近くの繰り読みです。そこでわかってきたことが、教学の歪みでした。この本を上梓《じょうし》した一番の動機は、内部告発みたいなものです。真宗の今の学びが親鸞さまを大きく歪めていることへの不満です。この場に、キリスト教を引き出したのは、親鸞さまの教えがキリスト教より優れていることを証明したいからです。

私が本格的にキリスト教を学んだのは、大学の三回生のとき同志社大学の土井真俊《どいまさとし》教授の授業が開講されたお陰です。そこで、キリスト教への質問を貯めていたのです。ところが、宗教が批判し合う時代が終わり、比較が重要視されるようになった。批判の応酬では、宗教エゴの主張の衝突に終わり、何の利益も生まないからです。宗教の共通理念は平和に貢献することです。お互いの良い面を探り、比較してお互いに切磋琢磨《せっさたくま》することを目指すべきといわれてきた。それに共感でき、本を出すことなく温存した。

このたび、ローマ法王さまが仏教を批判していると知り、私の出番だと思った。私が法王さまに答えるのですが、親鸞《しんらん》が答えるの意気込みで出そうと思った理由は、仏教があまりに歪んでいると考えるからです。この歪みを修正しなければ、キリスト教には見劣りするというのが今の私の結論です。ここで、私に火をつけてくれた法王さまにお礼を述べたい。仏教の真理を学び、平和を求めて比較くだされればありがたく思います。

下註で、（『聖典』本派）は西本願寺発行の『浄土真宗聖典（註釈版）』のことで、（大派）は東本願寺の大谷派発行の『眞宗聖典』のことです。

合　掌

二〇一一年六月三〇日

著者

目次

第一章　キリスト教の仏教批判へ――宗教の堕落と浄化

一　ローマ法王の仏教批判――涅槃《ねはん》と無への批判

法王の仏教批判

故ローマ法王、ヨハネ・パウロ二世が「個人的」ということで、一九九四年の秋に『希望の扉を開く』という本が出版された。欧米を中心に十一カ国語に翻訳され、一気に二千万部が完売となったと報告されています。

この本は、一九九三年十月の法王在位十五周年の記念ということで、本来はラジオとテレビで世界中に放映されるべき企画でした。ところが、法王のスケジュールの都合で不可能となり、出版へと変更されたものです。内容は、ジャーナリストのヴィットリオ・メッソーリ氏が法王へのインタビューによって、二十の質問に答えるというかたちになっています。

日本語の翻訳版は、曾野綾子《そのあやこ》女史と三浦朱門《みうらしゅもん》氏の共訳で、一九九六年十一月に出版されました。この本の中に、「仏教も民衆を救っていますが、その仏教についてどう考えておられますか」という質問の「節」があり、この中で仏教が批判されました。この著者が、十億人の信者の頂点に立つローマ法王ですから、仏教からは不協和音が起こり、いち早く西欧やアメリカの仏教徒が提起しました。中でも、法王の生誕地ポーランドから、横浜の光輪寺の坊守《ぼうもり》（お寺の奥さん）でポーランド浄土真宗代表・医学博士の妙珠《みょうじゅ》・アグネス・エンジェスカ女史の『知恵の扉を開く』（ポーランド語）という反論本が出て、アメリカ、デンマーク、インドの著名な仏教徒の寄稿文が寄せられた。

ローマ法王の呼称を、本訳者が「教皇」とお呼びしているので、私もそのように呼ばせていただきます。まず、教皇からの批判の内容を紹介します。七頁にわたる長文ですが、仏教から見て問題となりそうな部分のみを紹介します。

被造界《ひぞうかい》は人間に任務として与えられ、ゆだねられていますが、それは、人間にとって苦悩の源となるためではなく、人間を〔世界における創造的存在者とするための基盤〕となるためです。被造物が本質的に善であることを信じる人は、神から自分に任された作品を絶えず完成の域に近づけるために、被造界のあらゆる秘密を解き明かす力を有しています。啓示、特に福音《ふくいん》の観点からはニルヴァーナ（涅槃《ねはん》）や無感情（パティーヤ）

やあきらめなどが受け入れられる余地はありません。それどころか、自分と世界とを含《ふく》めた被造物を完成させるという大きな挑戦を、人は受けるのです。(『希望の扉を開く』中「キリストの代理者のいのり」。教皇ヨハネ・パウロ二世著、二四頁)

仏教の伝統も、それに由来する修行方法も、ほとんど〔消極的救済論(ネガティブ・ソテリオロジー)〕のみを奉じています。ブッダが体験した「悟り」は、世界(=この世)が悪であり、人間にとって邪悪と苦悩の原因であるという確信に尽きます。この悪から解放されるために、人は世界から解放されなければなりません。私たちを外界の現実と結びつけているきずな(=束縛)、つまり、人間の本性と構造との中にあるきずな、心と体との中にあるきずなを断ち切る必要があります。私たちがこれらのきずなから自由になればなるほど、私たちはこの世界の中にあるすべての事柄に対して無関心になれるのです。以上が仏教的世界であり、人生観です。はたして私たちはこのような仕方で神に近づくことができるのでしょうか。ブッダの伝えた「悟り」はこの点について言及していません。仏教は相当高い度合において〔「無神論的」体系(=エイシイスティック・システム)〕です。仏教によると、人間は神に由来する善をとおして悪から解放されるのではなく、悪である世界から離脱《りだつ》することによってのみ悪から解放されるのです。そのような離脱の完全性は神との一致にではなく、涅槃《ねはん》に、つまり世界に対する完全に無関心な状態に存します。〔救われる〕ということは何よりもまず、〔悪の源である世界に対して無関心〕になることによって、悪から解放されることです。そこにおいて人の霊的な歩みは頂点を極めるのです。（同、一〇一頁）

教皇のこの仏教批判を、私なりに五カ条にまとめました。

一、この世界が未完成なのは、私たち人間にこの世を完成させるためで、そのために苦や挑戦を受けたり神からの助けを受けます。ところが、仏教のいう涅槃（ニルヴァーナ＝さとり）や「あきらめ」の心では、その任務が関知できません。

二、仏教のすべてが、消極的救済論になっています。それは、「無」や「涅槃」を目指すからであるという。

三、仏教は、この世を悪と苦の原因と信じ、この世のことをあきらめ無関心になることによって、悪や苦から救われるといいます。

四、この世に無関心になるというやり方で、神に近づくことができるのでしょうか。ブッダの伝えた「悟り」はこの点について言及していないという。

五、仏教は強い無神論であって、神から示された善をとおして悪を解決するのではなく、この世界から逃れ離れることのみが悪を解決する方法と教えているという。

私は教皇の批判を読んで、悔しいが当たっていると率直に感触できました。現在のわれら僧侶のやっていることや、教団の現状に対しては肺腑《はいふ》をついたいい批判だといえますが、ブッダ・シャカ（前四六三〜三八三、異説あり）の説かれた教典《きょうてん》や宗派を開かれた祖師たちの教えられた内容からは反論したいことがたくさんあります。

私からの疑問

私は京都で仏教を学ぶまでは、キリスト教は仏教より崇高な宗教だと思っていたが、大学で本格的に仏教を学ぶうちに、キリスト教は美しいが根底の論理は民衆を欺く多くの矛盾があることに気づきました。

例えばある日、ＮＨＫのラジオ放送の「こころの時代」で、ある著名なカトリック作家が『聖書』のすべてを正直に読んだがまったく矛盾がなかったと、天下の公器を使ってい い切りました。その考えこそ危険であることをクリスチャンは気づいていないと思った。

くしくも、教皇から仏教が批判されていたと知り、チャンス当来と考えた。ここで、私のキリスト教への疑問を少し提示しておきます。

一、キリスト教では全知全能の神が、初めから完成したまま存在していたという。仏教では、初めから存在するのは真理である。真理には心も智慧《ちえ》もなく、慈愛や智慧という心の完成は、修行によって段階的に成長すると教える。

二、キリスト教では、神がこの世を造ったという「創造説」です。仏教では、この世を造《つく》った者はおらず、結び合って起るという「縁起《えんぎ》説」です。

三、教皇は、「この世が未完成なのは、人間に完成させるため」という。もし、神が未完成品を造ったとしたら、神自身が未完成となる。また、未完成の人間にこの世を完成させることもできません。そのまえに人間を完成させなければいけないが、キリスト教では人間は神になれないと教えるから、神が要求する完成品には絶対にならないはずです。

仏教では、人間を完全なるブッダにするという教えです。仏教に出会うと、この世は自然であり完成しているが、その自然に不満を持つ人間だけがこの世を改革しようとして、ほとんどは改革のために新たな害を生んでいるという。

四、悪魔について、キリスト教では神に対峙した悪魔がいて罰を与えるという発想をするから、衝突増産《しょうとつぞうさん》となっている。

仏教にも悪魔が出てきますが、自己の内在的魔性が出て悪魔に見えているのであると教えます。悪魔も結び合って生まれたと考えるから、もつれた糸を解くように間違った考えを氷解させて、ブッダと同じ最高の考えに変容させる教えというから、衝突回避の教えです。

五、死なないはずの救世主イエスが死んだのは、人々の罪を被ったからであるといい、そのお陰で私たちの罪は神から赦《ゆる》されたというのがキリスト教の「代受罪《だいじゅざい》」説です。

仏教は、自業自得《じごうじとく》の教えですから、自分の罪は自分が受け、誰も代われないと教えます。冤罪《えんざい》は、苦しみを代わってもらった「代受苦《だいじゅく》」説で、罪は倍増して解決していない。

六、イエスが殺されたということは、殺した相手に人殺しの罪を被せています。全人の罪を背負うといいながら、人に罪を被せるという大矛盾が起こっています。

シャカムニの最後のお経『涅槃経《ねはんぎょう》』では、「人をして殺させない」と教えます。もし殺されなければならないことが起ったら、相手に人殺しの罪を被せないために、自殺をしてあげなさいと教えます。自殺ができないなら、殺されることに感謝して死んでいきなさいと教える。

七、神の愛は、すべてを惜しみなく与えるという。すると、人間も神になれるはずです。ところが『聖書』に人間は神にはなれない、陶器は陶芸家になれないという。つまり、神の神たるものは人間に与えないし、神が最高なら人間も神にならない限り最高の愛と喜びを人間が味わうことはできない。

仏教では、すべての人間がブッダになることを望んだ。ブッダこそ最高だから、人間を最高に高めて、慈悲と智慧の完成した喜びと平和な世界を実現させようという。

八、地獄も天地創造の神が造ったはずです。もし、神が真・善・美の方なら汚く悪の満ちた地獄は造れません。真・善・美の神からは、真・善・美しか生まれません。もし、神が地獄を造れたら、真・善・美が存在していないことになります。真理に反する宗教は、アニミズムの悪用です。

仏教では、地獄は私が造ったと、自業自得の自業苦（自分の行為で自分を苦しめる）の場所だと教えます。

九、『旧約聖書《きゅうやくせいしょ》』では、神さまを信じないという理由で、神が人間を何度も殺し罰します。

『新約聖書』でも、アナニヤ夫妻が殺されます。神に似せて人間を造ったというから、神に忠実になればなるほど、信者は自分に背き神に背く者を殺すことになります。神を信じない者より、神を信じた者のほうが人を簡単に殺すことになろう。

ブッダは「すべては一つ」という平等心を証《さと》りますから、どのような者も「あなたは私です」という思いになるので、苦悩者を救い悪人を善人に変えようと考える。だから、ブッダが人間も動物も昆虫さえも殺したというお経の記述はなく、命の平等性と畏敬《いけい》を訴えました。シャカムニは武力の介入を極度に嫌ったのです。たとえば、

十、神によって造られた人間が罪《つみ》を犯《おか》したら、それは神自身の罪のはずです。車の欠陥によって事故が起ると、その車を造った会社の責任になります。

アミダ仏が建立《こんりゅう》した極楽の中で、堕落する者が出たらアミダ仏が命を捨てると誓っています。仏教で人を罰することは、完全な智慧と慈悲を持たない者のやり方だと教えます。

キリスト教に、このような疑団《ぎだん》が起こります。だが、キリスト教の「隣人愛」は、仏教から見ても素晴らしいと認められます。仏教にも貧者救済の「利他行《りたぎょう》」が説かれ日本に入ってきましたが、平安中期ごろから堕落しました。鎌倉時代に再生したが、江戸時代にまた

歪められ、ズルズルと現代にまで引きずり込んでいるのです。宗教の恐ろしさは、自分の宗教こそ最高だと固執《こしゅう》するあまり、他の宗教を抹殺《まっさつ》しようとすることです。間違いない真理を一番大切にして、真理に沿った生き方が望まれます。

二　神への疑問――私はクリスチャンになれなかった

神は存在するか

かれこれ三十五年も前でしょう。近所に真面目な青年M君がいて、九州の大学で統一教会という韓国生まれのキリスト教に入信しました。彼が冬休みで帰ってきて、財産のすべてを教会に寄付してほしいといい出したのです。親はもちろん、親戚までが大反対。ところが、M君のおじさんで目の不自由な方がいて、その人だけが味方をした。このおじさんは昔の国鉄（いまのJR）に勤《つと》めていて、何か薬の副作用とかで目が見えなくなったようです。〝ワシの目が見えなくなって、わかってきたことは皆に迷惑をかけてでなければ、生きていけなくなったということだ。だから、健康なときには、自分の思いどおりに生きるのが一番だと思う。しかし、間違った生き方はいけないと思うから、ワシの前でお寺の院住《いんじゅう》さんと議論をしてほしい。そこで、キリスト教が正しいとワシにもわかったら行けばいい。ワシも応援をしてやる。しかし、お前の宗教が間違いだとわかったらやめるんだぞ、ワシも反対するぞ〟ということで、電話連絡をいただいた。

おじさんの手を両肩《りょうかた》にのせ、M君が先導して寺の門をくぐってきた。私が一番に見ていただいたのは、シャカムニが一生かかって説かれたという『国訳一切経《こくやくいっさいきょう》』です。日本語に訳された本で、百四十冊ほどになる。『旧約聖書《きゅうやくせいしょ》』と『新約聖書《しんやくせいしょ》』を合わせると、その二、三十倍ぐらいになろう。あまりの膨大《ぼうだい》さに驚いていました。『お経』には説かれていないものがないといわれるほど、色々のことが説かれています。

やがて、議論が始まりました。昼の二時から夜の八時ごろまで、誰も便所にも行かず、夕飯の時間も忘れて議論しました。六時間が、アッという間でした。結局、このような議論で終わった。

「お母さんが泣いているのに、なぜ統一教会に入ろうというのですか」

「この世は、神さまが造ってくださったのです。私も神さまに生んでいただいたのです。母も泣いているが、神さまも泣いています。私は母より、神さまの涙を拭おうと考えたのです」

「仏教では、この世は誰も造った者はいない。結び合って生まれており、だから両親がいると教えます」

「結び合っただけで、この世ができますか。もっと複雑なものがあるのではないでしょうか」

「複雑な物は、複雑に結び合っているだけです。これは真理ですから、宇宙の果てまで行っても、いま、目の前の何を持って来ても説明できます。たとえば、ここにナショナルのストーブがありますね。このストーブを神さまが造ったのですか」

神が造ったといえば、ナショナルは何だというから彼はしばらく考えた。

「神さまが、このストーブの根源を造ったのです」

「では、神さまはこの世を造ったのではなく、この世の根源を造られたというのですか」

「いいえ、聖書には、この世のすべてを造られたといわれています」

「では、このストーブはこの世の物とは違うのですか」

「いいえ、鉄や油を神さまが造ったお陰で、ストーブがあるのです」

「鉄も石油も結び合って生まれていますよ。例えば石油は、地割れや火山で植物が埋もれ、大きな圧力を受けてできたでしょう。この部屋の何か一つでいいから、これを神が造ったと指さしてください。私はすべて、結び合って生まれていると説明できますよ。鉄も元素が結び合って生まれていますよ。元素は核や電子が、核は陽子や中性子などが結び合っていますよね」

また、彼はしばらく考えて認めてきました。

「この世が、結び合って生まれているのは認めます。そのように神さまが造ったのです」

「では、結び合って起こるという真理を神が造ったというのですか」

「そうです。そして、神自身も真理なのです」

「いいですか。真理は自然にあったもので、造ったり壊《こわ》したりできるものは真理ではないですよ。そして、真理を信じた人も信じない人にも平等な働きをしますよ。例えば、万有引力は信じようが信じまいが、関係なく引力を受けます。神は信じた者を救うが信じない者は救わないというのでしょう。神は真理じゃないでしょう」

「いいえ、神は真理です。その神から真理が生まれたのです。あらゆるものには初めがあります。先に神ありきで、真理もこの世も造られたのです」

「では、その神さまの初めはいつで、神は誰が造ったのですか」

「神さまを造った者はいません。神さまは初めから存在していたのです」

「ならば、真理も造った人はいなく、真理は初めからあったといえるでしょう。いいですか、この世は結び合って生まれるという、私の説明はあなたにも分かり認めたのですよ。ところが神さまが真理を造ったといい出すから、私には分からなくなるのです。つまり、あなたが間違ったことをいっていると思いませんか」

「いいや、神さまがこの世を造ったと世界中の人が信じています。仏教を信じている人は少ないです。キリスト教のほうが正しいです」

といいますと、横で聞いていたおじさんが結論を出した。

「院住さんのいうことが正しい。お前のいっていることはおかしい」

「いいや、神さまがこの世を造られたと聖書にも書かれており、世界中の人が信じていることです」

「ダメだ。お前のいっていることは、説明になっていないとワシにもわかるから、キリスト教は止《や》めなさい。仏教のほうが正しいから、仏教を勉強しなさい」

「僕はまだ、うまく説明できないけど、上の人なら説明できます」

といい出したので、すぐ電話で幹部に会うように約束を入れてもらった。約束は、明くる日の夜九時でした。その日は、冬の澄み切った半輪の月が印象に残る少し寒い夜でした。近所の友人が一人加わって、四人で約束の時間に行った。繁華街《はんかがい》の裏路地《うらろじ》にあり、三階建ての貸事務所風の建物でした。玄関に、板に墨書《すみが》きで「神霊《しんれい》統一教会」の看板が掛かっていた。二階のすべてを借り切っているようで、玄関の下駄箱《げたばこ》には十人ほどの靴が置かれていた。掃除された玄関から、清楚《せいそ》な共同生活をしていることが伺われた。なぜか、約束した幹部がおらず、別の人が出てきて議論をすることになった。議論中に、近くにも信者の若者が生活している別の所があるようで、何か急用で一人の若者が慌てた様子で入ってきた。別の役員らしい人が報告を受けるため、別室で話し合いをしている間、連絡係の若者が廊下に置かれた接客用の冷蔵庫のドアを開いて食べ物を素早く頬張《ほおば》った。M君が〝皆腹が減っているのですよ〟といって、にが笑いをしました。

議論も進んで、出されたおじさんの結論は同じでした。私の友人もその結論に同意した。幹部の方も、渋々おじさんの結論を認めましたが、韓国の文鮮明《ぶんせいめい》氏の話を聞いてくれと誘われ、議論は終わった。

同じ一つのことでも、仏教とキリスト教ではこんなに考えが違うのです。シャカムニは真理のみを探って生きた方です。この世で正しいものは、真理だけと教えます。真理以外を正しいと信じると、衝突が起こります。このM君との議論の応酬で学んだことは、第三者を間に置いてやればいいということです。第三者が、仏教は大変正しい教えと驚いてくれます。神の創造は、賢慮《けんりょ》の正義に欠けています。でも、クリスチャンの改心は難しく、一度救われたと信じた人は簡単に信念は変えませんから、宗教に出会う最初が大事だと思いました。

キリスト教は、神こそ一番という宗教です。真理に反しても神は正しいと信じ、真理も神の産物だとうそぶくのです。内面では、自分の信じた神以外は拠《よ》り所としないのです。するど、真理を大切にする賢慮な人と衝突を生みます。外見では衝突しない度量があっても、頭の中で衝突します。短気な人は問答無用と武力で一気に廃除しかねないのです。これが、教皇が「仏教は相当高い度合において〔「無神論的」体系（＝エイイシイティック・システム）〕」です」といった含みでしょう。しかも、悪魔の存在を認め抹殺することを教えますから、善良な市民を魔女狩りの名のもとで殺してきた歴史があります。これも、いまの国際的紛争の裏に潜む一神教の危険性です。いまの紛争は一神教を信じた者同志の戦いですが、その仲裁《ちゅうさい》を無神論者にはして欲しくないと考えるでしょう。

ところで、〝真理より、神を選ぶ〟というドストエフスキーの言葉があります。彼はシャカムニが真理から「一如」までを探り当てたことを知っていたのだろうか。「一如」からは、罰の名のもとで人を殺した神が願う平和や救い以上の、純粋な教えが生まれるのです。それを知って、真理を捨ててでもアニミズムの悪用を認めようというのだろうか。専門家に聞いてみたい。

創造《そうぞう》と縁起《えんぎ》

私が大学から帰ってきたころ、創価学会が勢力を伸ばしていた時でした。よく学会の集会場に行って議論したものです。そこで、私の真宗では学ばなかった「三証《さんしょう》」という証明方法に考えさせられました。文証《もんしょう》（お経文に証明できる）・理証《りしょう》（理論的に証明できる）・現証《げんしょう》（現実に証明できる）です。三証で、証明できなければ真理とはいわないという。これは私も頷《うなず》かざるをえなかった。シャカムニもこの方法に近い証明方法を持っていたのです。シャカムニは仏教の教祖ですから文証は必要ないのですが、〝昔の修行者が切り開いた、古道を歩んだ〟といった教えが文証でしょう。

私もいまは、この証明方法を先行させますので、真宗の説明のすべてに疑問を持つようになりました。例えば、私を困らせたことは、極楽浄土の現実の証明です。その対応で、いま一番気に入っている説明が親鸞（一一七三～一二六二）の書かれた主著『顕浄土真実《けんじょうどしんじつ》教行証文類《きょうぎょうしょうもんるい》』という題名に注目したのです。親鸞が考えていた「浄土」とは、真実の「教・行・証」のそろった場所です。西方十万億土に鎮座《ちんざ》まします極楽浄土ではなく、現実に目の前にある浄土です。この考えによって、親鸞の多くの疑問が解けました。

仏教では宗派によって、「さとり」という字に色々の文字が使われます。悟《ご》・諦《たい》・覚《かく》・解《げ》・了《りょう》・証《しょう》などをすべて「さとり」と読ませます。「悟」は自己確立を表し、「諦」は明らかに見るという「あきらめ」を表します。教皇はこの「あきらめ」を批判してきたのです。「覚」は目覚め、「解」はすべての根本を理解し、煩悩を氷解するの意味です。「了」は最終地点という意味でしょう。親鸞は必ず「証」という字を使います。親鸞のいう「さとり」とは、現実の証しのある「証り」という意味です。キリスト教もこの三証を持つと、いままでと違ったより優れた宗教に生まれ変わるでしょう。

キリスト教ではこの世は神が造ったという。これは、「天地創造《てんちそうぞう》」説です。神一つの原因からあらゆる物が生まれるというが、神と人間は造った者と造られた者であって、絶対に人間は神にはなれないという二元論《にげんろん》です。

仏教では、この世は結び合って生まれており、一つの原因からは何も生まれないのです。結び合いを工夫し努力すれば、人間もブッダになれると教える一元論《いちげんろん》です。この理法を仏教では、「因縁《いんねん》」とか「縁起《えんぎ》」と呼び、真理（法）だと教えます。

……つまり、神の創造は現証に反し、現実の目の前の物を神の創造と証明できないのが欠陥《けっかん》です。

「因縁」は正式には「因縁果《いんねんが》」といい、「因《いん》」（原因）と「縁《えん》」（環境・条件）が結び合うと、必ず「果《か》（結果）」が生まれるという意味で、眼前のどのような物をもってしても証明できます。たとえば、「お米」で例えると「因」がモミで、「縁」が土地や水・肥料・光・空気などたくさんあります。「因」と「縁」が結び合うと、必ず「結果」である芽がでて穂を実らせ、お米という「果」に成長します。「縁起」とは、すべては結び合って生み起こるという意味です。たとえばお米も、皮や実などが結び合っています。皮や実も多くの細胞が、細胞は原子が結び合っています。結び合いが解ければ死んだ状態になるが、何もないというのではなくバラバラの状態になります。また次の物と結び合って生まれ変わり、この世は片時も留まることなく変化しています。これを「諸行無常《しょぎょうむじょう》」の真理といいます。中国や日本に入ってきた仏教は大乗仏教で、「縁起」を大切にします。あらゆるものは結び合って起こるから、すべては「空」であると教えたのです。

……この論理はすべてに当りますから、「道理」「真理」といい「法《ダルマ》」と呼びます。

神がすべてを造ったといいながら、子供が産まれるには必ず両親がいなければなりません。結び合って生まれるからで、厳密にいえばこの世全体が無関係なものはないのです。

神の創造に対し、この世は結び合って生まれているという意味を感じた、重度の身障者・栗栖晶《くりすあきら》くんが「かみさまがぼくのあしにわすれものをした」と詩《うた》います。

かみさまがわすれた／じゃんぷできるあしと／はしったりできるあしを／ぼくがうまれるとき／うっかりわすれたみたい〃おかげでぼくはべんりがわるい／バスにのるときも／かいだんをあがるときも　じかんがかかるしつかれる〃でもかみさま、もうきにせんでもええよ／ちよっと、こまるがみんながたすけてくれるけー〃わるいひともおるが〃ええひともおるよ

くりすあきら

神にご意見をしたのです。でも「もうきにせんでええよ」というから、この世は神のみの原因で動いていないと、色々の関係で動いていると気づいたのでしょう。神一つの原因でこの世が生まれたなら、神が笑っているときには皆が笑っているはずです。この世をバラバラに造ったのなら、神もバラバラでしょう。キリスト教では、自由意志を与えたからという。仏教では、自由意志は智慧《ちえ》がなければ存在できないと、「智慧の十徳」で説かれます。植物のようにほとんど智慧がない生物では、選ぶという自由意志はなく光に向かっ

て成長するだけです。クリスチャンも智慧を磨いて、正しい自由意思を持とうとしているはずで、智慧がなければ自由意志は存在できないのです。

深い洞窟の奥深くに住んでいる魚は、目がなくなります。目がなくなるといっても、目のあった痕跡はあるのですが退化したというべきでしょう。まったく光のない中に住んでいて、目が必要なくなったのです。炭坑夫が事故で何日か閉じこめられて、生還したときは目に包帯とか、色眼鏡をかけて出てきます。何日も光のない所にいたので、目が少し退化して一気に強い太陽の光に当たると、目が見えなくなるという。つまり、光がないと目が退化してなくなるということは、目は光によって与えられているのです。神から目を与えられているというなら、どのような状態にいても退化することはないはずです。この世は結び合って生まれているのが真理です。

自分の人生体験から、神の創造は幼稚な教えだったといい切る先生がいます。山口県の萩《はぎ》女子短期大学の、元副学長を就任していた河村俊子女史《かわむらとしこじょし》は、都会のクリスチャンファミリーに育ちました。ミッションスクールを卒業し河村氏と出会って結婚した。戦争のために、主人の実家のある山口県の田舎の家に疎開《そかい》し、そこで河村家をキリスト教の家庭にしたいと努力しました。ところが両親は熱心な浄土真宗の信者でした。いつもニコニコとして、女史のキリスト教の話を聞いてくださいました。簡単にキリスト教に改宗できると思っていましたが、逆に自分が回心して学校まで創設した方です。高松の仏教青年会が女史を招いた講演で、〝仏教では、この世は色々な因縁が絡《から》み合って、いまここまできたと教えます。これから先も、色々の結び合いによってどんどん変化していくでしょう。ところが、キリスト教では神さまが六日間でこの世をお造りになり、七日目にお休みになられたという。こんな幼稚な教えを真剣に信じていた私が、いまは恥ずかしゅうございます〟といわれたことが印象的でした。

神の存在から一切が生まれたというのは、現実に証明はできません。アニミズム的発想から生まれた、人間の思いの中だけで存在することです。真理（法）が先にあって、真理を神だと誤解したのではないでしょうか。

……ここが、「ブッダ」と「神」の違いです。

神が全知全能であるということは、神も色々の才能が結び合って生まれているのです。つまり、「縁起《えんぎ》」を否定したら神も存在できないのですから、神の命を支えているのが《縁起》という真理です。「神は言葉となった」というが、言葉は色々の発音の組み合わせによってできています。言葉も縁起によって生まれているのです。『聖書』の文字を見ても、竪の線や横の線や点や丸が結び合ってできています。縁起を否定しては、『聖書』も存在できないのです。

この縁起の法則は、宇宙のどこへ持っていっても例外はないのです。このような真理に目覚めることが、シャカムニの「さとり」であり、人間がブッダになる方法です。ブッダとは真理に目覚め、真理から力を受けて智慧《ちえ》と慈悲《じひ》の行動をする方というわけです。だから人間も、ブッダと同じ智慧《ちえ》と慈悲《じひ》の完成によって行動ができたらブッダです。

仏教のすべては二つの柱で、「智慧」と「慈悲」です。この二本柱にまとめて考えるとわかりやすいのです。仏教の智慧と慈悲は、鳥の双翼《そうよく》や車の両輪のようなもので、どちらがなくてもダメです。そして智慧のある慈悲、慈悲の風景の見える智慧が求められました。智慧は求めていく世界、慈悲は帰ってくる世界で説明できます。学問も求めて智慧に到りつくと、次には現実に帰って世のためになることを考えるようになるのが慈悲です。智慧は自分の内に向かうもの、慈悲は外の人に向かうものといえます。親鸞は曇鸞《どんらん》（中国、四七六～五四二?）の『論註《ろんちゅう》』を引いて、智慧から慈悲が生まれると教えます。

実相《じっそう》を知《し》るをもってのゆえに、すなわち三界《さんがい》の衆生《しゅじょう》の虚妄《こもう》の相《そう》を知《し》るなり。衆生の

虚妄を知れば、すなわち真実の慈悲《じひ》を生《しょう》ずるなり。（『証巻』、『聖典』本派三二五頁、大谷派二九二頁）

【私訳】

真実のすがたを知るから、欲界・色界・無色界の衆生の虚妄のすがたを知るのである。衆生の虚妄を知れば、すなわち真実の慈悲を生むのである。

「実相」とは到り着いて、ブッダと同じ智慧の身を持つという意味です。真理に立脚して智慧と慈悲が動くという意味だと考えます。

曇鸞はブッダは二種類の身を持ち、「実相身《じっそうしん》」と「為物身《いもつしん》」を持っているといいます。私は私のままで良かったと喜ぶ、自体満足の身が「実相身」です。自分と真理以外に依存しない、独立者となるという「身」を目指しています。「為物身」とは、「物」とは人物、動物といい、他のために尽くす「身」という意味です。他の苦を自分のこととして救う、「利他行」をするのです。これが慈悲であって、キリスト教の「隣人愛《りんじんあい》」だと考えたらいいでしょう。

たとえば、仏教の試練にも智慧と慈悲の二つがあり、「苦難」と「おだて」です。一つは帝釈天《たいしゃくてん》の苦難の試練です。帝釈天とは、「慈悲」の心を試す神です。一方、梵天王《ぼんてんおう》は「おだて」て堕落させようという、智慧を試す神です。「おだて」の試練はキリスト教にはないようです。これらの神は、ブッダに共鳴して仏教への守護神《しゅごしん》となりました。大乗仏教が抱き込んだ神々です。「大乗仏教」とは中国や日本に伝わってきた仏教で、大きな乗り物という意味で、多くの人を乗せる《ひろまり》を目指します。そして、同じ場所に運ぶということで、シャカムニと同じ「さとり」を開く《ふかまり》です。つまり、ブッダになるという説明ができなければ、大乗仏教ではないのです。

ブッダと神の違い

神とブッダの違いを金子大榮《かねこだいえい》氏が、仏教の「不思議《ふしぎ》」とキリスト教の「奇跡《きせき》」で説明します。ここに、底の知れない深い海があったとします。キリスト教は〝許ってても無駄だから、許ってはいけません〟という。仏教は、〝許ってみなさい〟といい、長い長い綱《つな》で許らせ、〝本当に底がない深い海なんだ〟と教えるのが仏教ですという。

ある日、シャカムニの名声を聞いた、目の不自由な方が訪ねてきました。

「おシャカムニさまは、この世の仕組みを証《さと》った方で、どのような苦も解決してくださると聞いてきました。ぜひ、私のこの目が見えるようにしてください」

「いいですよ。私と七日間、一緒に生活をしてくださったら、きっとその目を見えるようにしましょう」

「七日間でいいのですか、それはありがたいです。ぜひ、一緒に生活させてください」

最初の一日は、まず朝から「布施《ふせ》」について教えました。

「人に布施をすることです。特に困っている方に、どのようなものでもいいですから、あなたの喜びを分かち与えて上げなさい。これができる人がこの世が見える人です」

と教えました。そして、一日かけて、布施に関する大切な精神を教えました。三清浄《しょうじょう》といって、三つのものが汚《けが》れていてはいけません。与える私の心と、布施した物と、与えられる人の心に濁《にご》りがないかをよく考えて布施しなさい。私の心が、何を誰にいつ与えたということを覚えていてはダメだと教えました。私たちは〝してやった〟と、いつまでも覚えています。そのような執着の心が出てくると、与えたといってもヒモが繋《つな》がって、与えたことにはならないのです。

シャカムニの弟子の中で、智慧第一といわれた舎利弗《しゃりほつ》（シャーリプトラ）は、なかなか証ることができなかった。それは一度だけですが失敗があったからです。舎利弗がある時、布施行をしようと決心して、求めるものを与える修行をしていました。すると、それを聞いたバラモン（他宗の修行者）が試したのです。智慧のある人の目は澄《す》みきって綺麗《きれい》です。その目を乞うたのです。

「あなたの目は美しいですね。その美しい目を私にください」

「いいですよ」

目をくり抜いて、相手の手に乗せました。すると、バラモンは怒っていいました。

「こんな血に汚《よご》れた目玉を欲しいといったのではない。もっと綺麗な目が欲しかった」

というなり、地に投げつけて足で〝ブチュッ〟と踏み潰《つぶ》したのです。それを片目で見た舎利弗が腹を立て、ムカッとしたのです。そのたった一回の失敗によって、一生、証りに入れず声聞《しょうもん》（ブッダの弟子）で終わったのです。また、「無財《むざい》の七施《しちせ》」といって、財産がなくても布施ができる七つの布施のことなどなど、布施に関する教えを一日かけて教えました。

二日目は「持戒《じかい》」を教えました。自分自身に対する「戒」と、世の中で生きるために「律」を徹底的に説明しました。三日目は「忍辱《にんにく》」です。この世は「忍」の一字に尽きると教えます。耐え忍ぶことができなければ、世の中を見たことにならないのです。四日目は

「精進《しょうじん》」です。何事も努力なしには望みが叶《かな》うことはないと教えます。五日目は「禅定《ぜんじょう》」です。いつも心を整え、何を見ても心が欲に奪われないように教えます。〝あなたは私です。私はあなたです〟という心を持った人こそ、この世が見えた人ですと教えました。六日目は「智慧」です。正しい智慧を持つと、この世の真実が見えますと教えました。

そして、約束の七日目の朝に目覚めるなり、障害者が叫びました。

「本当にこの世が見えるようになりました。ありがとうございました」

とお礼をいいました。そして、喜んで家に帰ったのです。ところが、『お経』には目は開いてはいないと書かれています。でも、本人から見えるようになったといわせたのです。これがシャカムニのやり方です。

この話しに対して、アメリカの作家がこのような話を書いています。目の不自由な方が、神父さまのところに来てお願いしました。

「神父さま。神さまは全能なる方と信じます。だから、ぜひ、私のこの目が見えるようにしてください」

「それならば、神にお祈りすることですよ。私と一緒にお祈りいたしましょう。きっと神さまは聞きいれてくださいますよ」

二人で何日も祈りしました。すると、みごとに目が見えるようになったのです。喜んだ障害者は、大変な喜びようです。お礼を述べて家路につきました。その道すがら、美しい景色を堪能《たんのう》し神に感謝の心を一段と深めました。

食べ物にも、美しいものはあると知ったのです。いままでは味さえよければどのような物でもよかったのです。ところが、美しく盛りつけているし、器までが美しいと喜んだのです。服にも色々なものがあると、私の着ている服はなんとみすぼらしい服かと、もっと綺麗な服が欲しいと欲が深まり、自分の心を抑《おさ》えることができなくなりました。

一番困ったことが起こりました。美しい女性を見初《みそ》めたのです。ところが彼女には好きな男性がいました。どんなに努力しても、どんなに祈っても思いどおりにはなりませんでした。思いあまった彼は、恋敵の彼氏を殺してしまうのです。そして、死刑の判決が出て、ギロチンに首を差し入れながら、〝私は、目の見えないほうが幸せだった〟と呟《つぶや》いて、刑場の露と消えていったという話です。

ここが、仏教とキリスト教の違いです。シャカムニは真理だけを追究した方です。ところで、シャカムニが見えるようにしましょうといえば、ウソがあるではないかというでしょう。でも、本人の口から〝世の中が見えた〟と叫ばせたのです。ところが、神は見えるようにしますといって、本当に見えるようにしたのです。しかし、本人は〝見えない方が幸せだった〟といったのです。

シャカムニは、この世の真実を証った方です。大乗仏教のやり方を正しいと、特に『現世利益和讃』を書いた親鸞が注目するのはそのためです。見えない人に、〝見えるようになります〟といえば《ひろまり》です。しかし、見えなくても、見えるようになりましたといわせることが《ふかまり》です。《ひろまり》では、ウソに対する少しの容認があるといえます。でも、《ふかまり》では入門のウソをダマシにしない、シャカムニと同じ「さとり」の心を持たせることです。

自尊心と自愛心

キリスト教は「初めに神ありき」です。仏教は「初めに私ありき、次に真理ありき」の教えです。私とは何か、この世の真理とは何か、誰にとっても正しいとは何かを探求することが仏教入門です。だから仏教は初めから、ブッダを一番に大切にしなさいとはいわない。一番に自分自身を大切に、その私は真理によって整えられた私でありなさいという教えです。

シャカムニの一生は、「自尊心」に貫《つらぬ》かれていました。生まれたとき四方を歩き、「天《てん》上天下《じょうてんげ》　唯我独尊《ゆいがどくそん》」（天の上にも天の下にも、私一人が尊い）といわれた。これだけなら、自《うぬ》惚《ぼ》れの強い人間だと思うでしょう。死を前にした最期の言葉が重要です。『お経』によって辞世《じせい》の言葉が少し違っていますので、これらをまとめた先生がいて、私も納得した言葉です。

自《みずか》らを灯火《ともしび》とし、自らを敬《うやま》い、他《た》を頼《たよ》ってはいけない。法（真理）を灯火とし、法を敬い、他を頼ってはいけない。この世は美しい、いのちは甘美である。でも、この世《よ》はつねに移《うつ》ろいゆくものであるから、怠《なま》けることなく法を求めて生きていきなさい。

このようにいわれ、亡くなったと考えてください。まず、「自灯明《じとうみょう》・法灯明《ほうとうみょう》」の教えです。暗闇《くらやみ》の中の光のように、自分が自分を頼りに生きていきなさいといった。「灯明」は、原文では「洲《す》」です。川の中洲《なかす》のように、よりどころとするのです。

……仏教では一番に、自分が自分を大切にしなさい。次に「法（真理）」を大切にするのです。ブッダはこの「法」に含まれます。

私は僧侶だから、〝仏さまを大切にしてください〟といいます。ところが、いま地震が発生して家が倒れそうになったとき、一番に財布や仏壇を抱えて逃げるでしょうか。恐らく何も持たずに逃げ、財布も仏壇のことも考えないでしょう。自分が大切ということは、間違いない事実です。

いまの日本は恐ろしい国になり、毎日毎日、自殺や殺人が起こっています。それも考えられないほどの残酷な殺しをするのです。日本はどうなってしまったのかと思う。シャカムニは「この世は美しい、いのちは甘美である」と感動した。シャカムニはその前に「自分自身を大切にし」「世の中の真理とか、正しい道理を大切に生きる」と、そうなると教えたのです。

シャカムニのおられたとき、マカダ国という大きな国があって、王様の名前をパセーナディといいます。パセーナディ王はマッリカーというお后《きさき》を大変寵愛《ちょうあい》していたようで、ときどき二人が『お経』に登場します。ある日、高楼《こうろう》に登って美しい風景を眺《なが》めていて、パセーナディ王が尋《たず》ねた。

「マッリカーよ、この世は美しいなぁ。空には鳥が舞い、大地には花が咲き誇り、花には蝶が乱舞《らんぶ》し、人々は喜んで働いているではないか。この世は美しいなぁ。この広々とした美しい世の中で、お前はだれを一番愛して生きているのかね」

秘かに〝王さまです〟という答えを期待したでしょう。だが、マッリカーは聡明《そうめい》で正直な女性であったようで、しばらく考えて答えた。

「王さま、私がこの世で一番愛しているのは、私自身のように思います。ときに王さま、あなたはどなたを一番愛して生きておられるのでしょうか」

即座に〝お前だ〟といいたかったが、余りに正直に答えられたので王も身につまらされ、真剣に考えた。

「なるほど、いわれてみればそのとおりかも知れないね。私も私にとって一番可愛いのは私自身のように思う。仏教を聞かせていただきながら、このような心を持っていていいのだろうか。おシャカさまに聞きに行こうではないか」

ということになり、シャカムニの元を尋ねた。

「パセーナディ王よ、それでよいのですよ。この広々とした世の、あらゆる生きとし生けるものすべて皆、自分にとって自分が一番可愛いのです。だから、本当に自分を愛する者は、決して人を傷つけてはいけないのです。相手も自分が可愛いのだから、誰からも傷つけられたくないのです。それがわかるのは、自愛の心なのです」

と諭《さと》され、パセーナディ王とマッリカーは喜ばれた。本当に自分が自分を愛している者は、人もそうなんだとわかりますから、人が嫌うことを無理強《じ》いせず、人が求めていることをしてあげるということです。美しい日本を作るには、まず、この自愛心が大切ではないでしょうか。自愛心と自尊心は似た心です。

いまの日本で「自愛心・自尊心」といえば、オレは偉いのだぞと誤解して、〃おーい、新聞持ってこい。〃〃おーい、タバコ買ってこい。〃と威張《いば》るような意味に考えます。シャカムニがいう自尊心はそうではない。「他を頼ってはいけない」といいます。自分でできることは、自分でやることが「自愛の心」であり「自尊心」です。

私の檀家に、お金持ちのおじさんがいました。気ままで奥さんを大変困らせました。ご飯になると、ご飯を食べさせろといって、奥さんに一口ずつスプーンで口に運ばせます。少しでも熱すぎると、奥さんの顔にプーッと吹きつけ〃熱いやないかぁ〃と怒るそうです。そのくせ、タバコを吸うときは、自分の手で吸うという。お金持ちですから、皆我慢して何もいわない。

ところが、嫁に出た娘だけは、そんな父を許さないのです。お父さんが寝込んでしまい、オムツを替えようと両足を肩に乗せて、腰を上げてオムツをお尻の下に入れようとしたが、気ままなお父さんは腰を持ち上げようとしないのです。〝お父さん、早よぅ、腰を上げてよ〟と請求する。ところが、当のお父さんは〝早くせんかい、寒いやないか、風邪引きそうじゃ〟と怒鳴るのです。すると娘さんが怒って、肩に乗せていた足をバタッと畳に投げ捨て、〝もう知らんわぁ〟と怒ってお尻をキューッとつねったそうです。〝痛いやないか。こらえんぞ〟と、怒っても寝たきりではどうもできない。そのアザが一カ月ほど消えなかったという。

このおじさんの考えは、自尊心ではなくわがまま根性です。人間は皆自尊心を持っていますから、つまらないことに遣《つか》い走りさせられるのは嫌なのです。その自尊心を持った人が困って、〝助けてください〟といってきたら、どうやってでも助けてあげたいと思うのも自尊心です。人を頼ってはいけないという教えを大切にする人が人を頼るということは、自分で自分がどうにもならないときですから、そのときは精一杯助けてあげるのが正しい「自尊心」なのです。

悪縁と悪魔

ブッダ・シャカムニは、この世のすべては結び合って生まれると「証り」ました。結び合いが違ったら、形も考えも違うのは当たり前です。考えが違うのは何と結び合ったからかと、もつれた糸を解《ほぐ》すように解《ほど》けば解決すると教えます。すべては結び合って起こることを、「縁起《えんぎ》」といいます。これを正式には「因縁果《いんねんが》の法」とか「因縁生起《いんねんしょうき》の法」といいます。

『新約聖書』にも「種まき」の話があり、仏教と比べてみましょう。

種まきが種をまきに出て行った。まいているうちに、ある種は道ばたに落ち、踏《ふ》みつけられ、そして空の鳥に食べられてしまった。ほかの種は岩の上に落ち、はえはしたが水気がないので枯《か》れてしまった。ほかの種は、いばらの間に落ちたので、いばらも一緒にしげってきて、それをふさいでしまった。ところが、ほかの種は良い地に落ちたので、はえ育って百倍もの実を結んだ。……道ばたに落ちたのは、聞いたのち、信じることも救われることもないように、悪魔によってその心から御言《みことば》が奪い取られる人たちのことである。岩の上に落ちたのは、御言を聞いた時には喜んで受け入れるが、根がないので、しばらくは信じていても、試練の時が来ると、信仰を捨てる人たちのことである。いばらの中に落ちたのは、聞いてから日を過ごすうちに生活の心づかいや富や快楽にふさがれて、実の熟するまでにならない人たちのことである。良い地に落ちたのは、御言を聞いたのち、これを正しい良い心でしっかりと守り、耐え忍んで実を結ぶに至る人たちのことである。（ルカ八の五〜一五）

この話は、すべてが神のなせる業《わざ》ではなく、仏教の「縁」にあたる部分に悪魔を登場させています。『旧約聖書』には、「聾唖者《ろうあしゃ》やハンセン病を悪魔や過去の罪による」といい、一方では「神のみ業が出るため」ともいって、どちらにでも執《と》れるご都合主義なところがあります。

仏教からいえば、「道ばたに落ちた」種は穴のあいた袋に入れたからです。悪魔など関係ないのです。つまり、「縁《えん》」（条件）によってそうなったのであって、「悪魔」だと決めつけると『聖書』は「縁」の考えが未熟となります。「縁」にも「悪縁」と「良縁」があって、農民からいえば穴の空いた袋は「悪縁」でしょうが、鳥などにとっては恵みの「良縁」です。自分に都合の善し悪しで決めることを内部の魔性だと仏教では見ます。理屈の合わせられないことを悪魔のせいにして、都合の良いことは神の心だといえば、必ず罪のない人を悪魔に見たてて衝突し、犠牲《ぎせい》者を生むでしょう。欠陥《けっかん》のある教えを信じたクリスチャンを、「御言を聞いたのち、これを正しい良い心でしっかりと守り、耐え忍んで実を結ぶに至る人たち」ということになると、キリスト教はとんでもない危険な宗教です。「神を敬わない者は悪魔の子」（使徒行伝一三の一〇）といえば、真理に忠実な仏教徒が「悪魔の子」にされます。

たとえば、「龍」の扱いが顕著《けんちょ》な違いでしょう。『聖書』では「龍」は悪魔だといい切ます。中国を経た仏教の国では、「善龍」と「悪龍」に分けられます。室町時代の宣教師ルイス・フロイスが、〝寺院には悪魔が祀《まつ》られている〟と報告したのは、多分、龍の彫刻を見たのでしょう。「龍」とは、昔の人にとっては「竜巻」というぐらいですから、突風か台風だったでしょう。キリスト教が生まれた土地は中近東で、台風といえば砂嵐《すなあらし》のことです。私が砂嵐を体験したのは、シルクロードの敦煌《とんこう》でラクダの背に乗っていたときでした。竜巻が近づいてきたので、地元の人たちが〝風に背を向けて、ジッとしていてください〟と叫び始めました。そして、地元の人に習って、タオルやハンカチをマスク代わりにしました。とにかく、十五分間ぐらいの砂嵐でしたが、日本では経験できない大変なものでした。カメラは服の中に入れ、体を丸めてじっと去るのを待つのです。だんだん太陽が見えなくなってきて、最後には闇黒状態です。不安が襲ってきました。大きな砂嵐になると、二日も三日も吹き荒れるそうで、家の中までが砂だらけになって仕事は一切できないといいます。何も良いことがないので、悪魔と考えるのが当然でしょう。

私が住んでいる香川県は、「さぬき渇水《かっすい》」で有名な所です。江戸での格言に、〞さぬき渇水に米買うな〟というのがあるそうです。香川県が渇水になれば、全国的には豊作になるからです。香川県は大抵《たいてい》の夏が、少々、水不足です。そのために、空海《くうかい》（七七四〜八三五）が築いた日本一の満濃《まんのう》の池や日本一小さな県にため池の数が多いので有名です。いまは、高知県の早明浦《さめうら》ダムの水をもらい大変助かっていますが、それでも三年に一度は節水が起こります。十年目に一度は大渇水で、高松砂漠といわれます。レストランの食器を洗う水がないから、サランラップで包んだ食器に盛って出たというのが語り草です。だから、香川県の台風は恵みの雨ですから、「善龍」なのです。香川県には昔から、三大念仏踊りがある。一番有名なのが滝宮《たきのみや》の念仏踊りで、菅原道真《すがわらのみちざね》（八四五〜九〇三）が祈願して雨が降り民衆が喜び踊ったという。その踊りに、法然が大声で念仏を称えるようアドバイスした。いま、これが国の無形文化財となっています。空海の生まれた善通寺の吉原《よしはら》念仏踊り、琴平から南の山中の大川《だいせん》神社の大山念仏踊りです。千年も続いているということは、念仏の効果がかなりあったと考えられます。台風を運んでくる「善龍」を、キリスト教が悪魔だと決めつけると見解の相違で衝突が起こります。

親鸞に「念仏を称えると、四天王が護って悪鬼を近づけない」という歌があります。親鸞は悪魔を外に置いていたといえます。いま、日本の国難といわれる東北震災で、皆が悲しみと苦しみに喘《あえ》いでいます。ニュースを見て驚いたことは、人智というか人間の力は、自然の脅威《きょうい》にはボロボロに崩《くず》れて、哀《あわ》れと知らされました。ただ自力を捨てて、念仏しかしようのない状態です。

確かにこのような状態では、悪魔の仕業《しわざ》だと考えたいです。神戸の震災で、梅原猛《うめはらたけし》氏が毎日新聞に手記を寄せて、昔の日本だと、いま政治が乱れているために、日本中の悪霊が〝なんでもあり〟と喜んで、暴れ回っている。それが全国に頻繁《ひんぱん》に起こる地震だと真剣に信じて、毎夜々々、そこら中で火を焚《た》いては民衆が大きな声を揃えて念仏を称えていただろうという。社会党と自民党が手を結んだことが〝なんでもあり〟という意味だそうだ。東北地震や津波も民主党が政権を執《と》り、マニフェストなどなきに等しいの〝なんでもあり〟と政《まつりごと》が乱れ、日本中の悪霊が暴れ回っているということになります。これを鎮《しず》めるには念仏が一番だと昔は真剣に考えていました。

電力会社に勤めていた方がいうには、〝原子力発電は、悪魔をオリに閉じこめて、宥《なだ》めて宥めて、宥めすかしておとなしくしているようなもので、少しでも怒りだしたら手のつけようがなくなる〟といっていました。原子力発電も悪魔と見ることができます。確かに外に悪魔がいると考え、「悪鬼をちかづけず」（『現世利益和讃』）と親鸞はいいます。

ところが、原子力発電は悪魔ではないのです。それを悪魔と見るのは、人間の内の魔性（煩悩）が悪魔と見て悪魔と名づけるのです。つまり、民衆やキリスト教は悪魔を外に見ますが、仏教は内側にいると考えます。人間は煩悩《ぼんのう》（心を煩《わずら》い、身を悩《なや》ます）の固《かた》まりであり、身勝手、得手《えて》勝手な心が私の内側の魔性です。「無・空」の智慧によって、私の魔性を消滅させることを、理想の人間性の発露《はつろ》だと教えます。入門では民衆に会わせ、大乗仏教では外にいる悪魔を解決すると教えます。それが親鸞の入門の念仏であり、やがては念仏によって信心が生まれたとき、内なる魔性に気づくという構図です。

シャカムニの「対機説法《たいきせっぽう》」は、一見、ご都合主義に見えます。人は皆経験や環境などの外からの結び合いが違うので、人それぞれに性質が違っています。その人に合わせた教えを「対機説法」といいます。シャカムニの在世中、二人の弟子が口喧嘩《くちげんか》をし出した。

「お前の考えはおかしい」

「何をいうか。お前の方がおかしいのが分からないのか」

「いいや、私はおシャカさまからこのように聞いたのだ。お前が間違っている」

「とんでもない。私こそおシャカさまから、実際に聞いたのだ。お前が間違ってる」

「じゃぁ、おシャカさまに聞きに行こうじゃないか」

「ああ、そうしよう。お前の考えが間違っていると気づくはずだ」

ということになり、シャカムニに尋ねた。

「それでいいですよ。私はあなたに、そのように教えましたよ」

「やっぱりそうでしょう。だからお前がおかしいのだ。わかったか」

といえば、一方の弟子が憤慨《ふんがい》して、力を入れて主張した。

「それはおかしいのじゃないですか。私にはこのようにいわれたはずです」

「そうそう。あなたには、確かにそのようにいいましたよ」

「じゃぁ、どちらが正しいのですか」

「両方とも、正しいですよ。しかし、私が正しくてお前が間違っているといいだすと、その人自身が間違っているのですよ」

と諭《さと》された話があります。一見ご都合主義に感じますが、一番に衝突を避けたのです。

私の信じたことが絶対に正しく、お前の考えが間違いということが間違いです。人は皆違っていて当たり前なのです。この世には百パーセント正しいという考えは、真理以外にないのです。真理を度外視して正しいと主張する宗教は、平和を乱す危険性を含んでいます。

すべてのいましめの中で、どれが第一のものですかと、イエスは答えられた。「第一のいましめはこれである。『イスラエルよ。聞け。主なるわたしたちの神はただひとりの主である』……第二はこれである、『自分を愛するようにあなたの隣り人を愛せよ』これより大事ないましめはほかにない」（マルコ一二の二九〜三一）

当初、世界中の人は多神教でしたから、一神教以外を信じてはいけないという『聖書』は危険です。神よりも自分を大切にし、「隣り人を愛する」ほうが平和です。仏教では「自帰依《じきえ》・法帰依《ほうきえ》（一番に自分を大切に敬い、二番に真理を敬う）」といいます。『唯摩経《ゆいまきょう》』には、「空を理解した者は、外道を師匠《ししょう》とすることができる」という。外道とは仏教以外の宗教という意味です。「隣り人を愛せよ」というキリスト教の隣人愛は正しい教えですが、一方では他の宗教に学ぶものはまったくないという考えが危険です。

涅槃と天文学

教皇は、仏教の最も重要な「証り」である、《涅槃《ねはん》》を批判してきました。教皇は上座仏教のタイ国の高僧とダライラマから仏教を学んだという。仏教で「涅槃」（ニルヴァーナ）といえば、〝吹き消えた状態〟という心理状態になると、「証り」と教えます。結び合いが解けると《無《む》》であり、無をも否定した「空《くう》」（大いなる無）であり、「涅槃は寂静《じゃくじょう》」（煩悩が静寂となる）だといいます。これは、すべては結び合って生まれるという真理から、「一切は皆、空である」（一切皆空《いっさいかいくう》）と導き出された教えです。あらゆる物は本来、空だから自分をそのような心理状態に持って行くことが「証り」だというわけです。同じ親から生まれても、兄弟で違います。それは染色体や体験などの結び合いの違いのためです。その違いばかりに目が移ると、分別心《ふんべつしん》と呼びます。ブッダは「無分別心」ですから、すべてが一つで平等だと、これを「一如」の証りといいます。煩悩《ぼんのう》（自己中心で人のことを考えない心）の炎が消え、一切と一つになり平等になると、今度は利他（人のために尽くす）の心が生まれると教えます。

仏教のいう「無・空」を、教皇は何もない「ゼロ」と考えたのではないでしょうか。「ゼロの発見」はインドで起こった思想です。インドの「ゼロ」は何でも生まれる、出発の初めの「ゼロ」です。ヨーロッパには「ゼロ」そのものがなかったので、「からっぽ」の「無・空」を連想しているのではないでしょうか。昔、ヨーロッパの年代はゼロ年がないために、紀元前一年の次は紀元後一年と数えましたから一年ずれています。イエスの誕生を一年としていますが、イエスの誕生年をゼロ年として数えるべきだったのです。マイナス一の次はゼロです。次がプラス一ですが、ヨーロッパではそのゼロがなかったので、教皇が「無」を「ゼロ」と考えたら、仏教のいう「涅槃」とはニュアンスが少々違っているのです。

「涅槃」をインドのサンスクリット語で「ニルヴァーナ」といいます。「ニル」は〝否定〟、「ヴァーナ」は英語の〝燃えさかる〟という意味です。それを中国では〝寂静《じゃくじょう》〟と訳され、現代語で〝吹き消えた状態〟という。サンスクリットは、英語に似た言葉が少し残っているようです。インド人は大きく二種類に分けられ、三千五百年ほどまえにアーリア人の大移動で南下し支配してきた末裔《まつえい》と、先住民のインド人です。鼻が高く精悍《せいかん》に見えるインド人はアーリア人系で、西に移動した人はイギリスに住み着きました。西と南が最先端に分かれ先祖が同じで、少し似た言語が残ったと想像します。

「ニルヴァーナ」を、宇宙の誕生に似ていると説明する学者がいます。宇宙の誕生を読んで、私も理解に苦しみますが、大体、このような説明のようです。一九四七年、ジョージ・ガモフ氏（ウクライナ出身のアメリカ人、一九〇四〜一九六八）が、原子核《げんしかく》の反応から恒星《こうせい》の進化を主張しました。最近では、イギリスのホーキンス氏のビッグバン説によると、全宇宙がいまから百五十億年ぐらい前にビッグバンという大爆発が起こり、いまも膨張《ぼうちょう》し続けてすべての星が地球から離れているという。ビッグバンの前は、ブラックホールに吸い込まれすべての銀河が一つであったときの大きさが、十のマイナス四十四乗秒という瞬間《しゅんかん》に、十のマイナス三十四乗センチの大きさだったというから、針の先よりはるかに小さく、一つであってきわめて「無」に近かったのです。

「無《む》」でなく「有《う》」でもない、そして「無」であり「有」でもあるという状態です。つまり「空」です。ここから、あらゆる物が生まれてくるという状態の、「無」であり「空」です。あらゆるものは平等であり一つであって、しかもあらゆるものが、いま、まさに生まれてこようとしており、ここに含《ふく》まれないものはなにもないという状態です。これが、偶然にもビッグバンと「涅槃《ねはん》」や「一如《いちにょ》」が似た説明です。心理状態をこの状態にいつも持っていき、身にもその思いからの行動ができれば、《証り》でありブッダの誕生です。

……これを「実相身」と呼び、智慧によるブッダの「身」です。

宇宙物理学者の中には、完全な「無」であったという学者もいるようです。「無」が「有」

に一変したというのです。「無」のときには時間・空間もなく、光もエネルギーもなかったという説です。この説は、神が「無」から「有」にしたと説明する、キリスト教には都合のいい説です。しかし、神がもと「無」であったとはいわせないのです。

そして、大爆発が起こりどんどん広がっているうちにも、衝突したり結び合ったりして新しい銀河を作りながらいまも広がっているという。私たち人間も結び合って存在し、生活をしながらも膨張し続ける宇宙の物質の一個であるということです。宇宙には、このような銀河が千億から一兆ぐらいあるといい、これらの銀河すべてが地球から、ものすごい勢いで遠のいていているそうです。その距離と早さから百五十億年前は、これらすべてが一つであった計算になるという。そして、いまの宇宙の直径は二百億光年ぐらいだろうといわれます。

私たちの住んでいる太陽や地球は、天の川銀河と呼びます。約四十六億年前にできて、かなり広がって楕円形《だえんけい》のドーナツのような形になっているようです。横から見ると川のように見えるので、天の川銀河と名づけられました。

夏、空を見上げると天の川が見えます。天の川は、ドーナツの片方から反対側の輪を見ています。天の川銀河には、太陽のような光を放つ星やその周《まわ》りを回る一杯の恒星《こうせい》や惑星《わくせい》を従えた小宇宙がたくさん集って、天の川銀河を作っています。

……つまり、〝宇宙のあらゆる物は、一つであって無関係のものはない〟という、仏教が真理とした《縁起》の法則によって運行しているわけです。

『お経』によく、「三千大千世界《さんぜんだいせんせかい》」といいます。これは、まずこの地球のことを「一須弥山世界《いちしゅみせんせかい》」といい、一つの大きな山を中心に五つの海と七つの大陸からできた世界と説きます。これが千個集まって、「一千小千世界《しょう》」を作ります。これは、太陽系の小宇宙だといえます。これがまた千個集まって、「二千中千世界《ちゅう》」となり、これが銀河に当たります。この銀河が千個集まって、「三千大千世界」です。

一説では、この「三千大千世界」を一人のブッダが担当し、そのブッダの数がインドのガンジス川の砂の数ほどおられるという。私が学生時代は、見つかった銀河は六つでしたから、仏教は千あるといっているので、凄《すご》いと考えました。近代天文学では、いまこの銀河が千億から一兆あるといいますから、砂の数ほど「大千世界」が多いということになります。キリスト教の『聖書』では、「惑星」という言葉が出てくる程度の宇宙観です。望遠鏡もない二千五百年も前に、宇宙を予言した仏教の底知れない不思議を感じます。

……これが仏教のいう、一番大きなことの説明です。

仏教にも幼稚なところもあり、インドの宇宙観は平面の説明です。ところが、『梵網《ぼんもう》経《きょう》』の宇宙観は球体の内側を想定しました。球体の中心にビルシャナ仏（大日如来）がいて、宇宙のすべては等しい距離にあると考えました。望遠鏡がない時代だったからでしょう。宇宙を三百六十度のプラネタリウムのようなものと考えたようです。結び合って生まれているという論理から、創造した宇宙観でした。

「一如」と近代物理学

仏教では、「無」から「有」は生まれないと教えます。「無」はないということで存在しているもので、「無」も否定されることを「空」という。そして、永遠不滅の真理が存在して、この真理によって運行していると考えます。

目に見えない神ということは、ブッダも同じ無・空の状態であり、あらゆるものは結び合ったり離れたりとして変化しています。そして、原因のないところからは何も生まれないといいますから、「無」から「有」は生まれないという考えが仏教です。しかし、「有」だといえば「有」だと執着し、「無」といえば「無」に執着しますから、その心を破るために「空」と教えたのです。

これは、あるがままあらゆるものが一つであり、平等であり、大乗仏教では「真如《しんによ》」といい「一如《いちによ》」と呼びます。この「一如」の考えをそのまま、いま生きているこの場に持ち込み、その考えから行動させようというのです。大乗仏教では「一如の証《さと》り」が重要視されます。すべての結び合いが解ければ、あらゆるものは一つであり平等です。「あるがまま一つ」ということです。

物理学では、私は素粒子が集まって生まれているといいます。読者も素粒子が集まって生まれているといいます。素粒子にはまったく区別がつきません。読者と私が違うのは、素粒子の結び合いが違うだけです。本来、読者も私も、宇宙の欠片《かけら》が結び合って生まれているから「一つ」です。「一つ」ということは、あらゆるものは私です。宇宙全体、どこに行ってもそうなっていると、シャカムニは「証《さと》った」のです。つまり、虫けらも人間もブッダも平等であり、いまは結び合いが違うだけだと教えます。善人も悪人も、結び合いが違っているだけです。だから、ブッダになる条件さえ整えば、人間もブッダとなれるといい、悪魔と結び合えば悪魔にもなる。結局は一つという一元論《いちげんろん》です。

しかし、ここでよく問題視されることは、仏教は根元をさして「無」だとか「空」だといっているのではないのです。仏教ではあるがまま、「いま」が「無」であり、「空」であり一つだといっているのです。中国の老荘思想は根源が一つという学びが、仏教との違いだという。仏教は一瞬の中の「いま」に、永遠の時間を含んでいるというのです。「一即一切（一つが一切をあらわす）」ともいいます。私の身や心は変化しながらも、結び合うという永遠不滅の真理によって存在できているのです。運命的に決まった、人生をいっているのではないのです。「定業《じょうごう》」といって、過去の行為の結果によっていまの自分が生きているので、運命的に他の命令を受けて定まるという考え方には否定的です。

『華厳経《けごんぎょう》』というお経を、一度だけ私も読みましたが、すべてはわかりませんでした。参考書では、一番小さな極微《ごくみ》（素粒子《そりゅうし》）のなかに、宇宙全体（三千大千世界）が入っていると教えます。「極微」とは、ミクロの世界です。物質で一番小さな物を仏教では「極微《ごくみ》」といいます。

親鸞《しんらん》は「卯毛《うのけ》、羊毛《ひつじのけ》の先にいるチリも、チリ自体が作った過去の罪の報いによってそこにいる」（『歎異抄』一三）と法然から聞いたという。この「ウサギの毛、羊の毛」ということを、ある本で読んだのですが、四十五年ほど前ですから何という『お経』だったか忘れました。たぶん、倶舎論系《くしゃろんけい》の本だったと想像して探しましたがわかりませんでした。私の記憶《きおく》を辿《たど》ると、このようになります。

まず、芥子《けし》の実《み》を百八十分の一に砕《くだ》いたものが、空中に浮遊《ふゆう》するチリです。空中に浮遊するチリは、その七分の一の牛の毛の先に乗るチリが集まって構成している。牛の毛の先のチリは、七分の一のウサギの毛の先に乗るチリ、そのまた七分の一の羊の毛の先に乗るチリ、その七分の一、そのまた七分の一という具合に二十段階ほどあったと記憶《きおく》していきます。そして「銀池地」、最後が「金池地」という名前だったと思います。「これで終わるのではなく、名前がないから終わるのだ」といい、物質の最後が「極微《ごくみ》」だという。

では、「極微」は何によって構成されているかといえば、「業《ごう》」だという。「業」とは、〃はたらき（行為の蓄積からの作用）〃という意味です。「業」には力があって「業力不思議《ごうりきふしぎ》」といい、なぜ「力」があるかはわからないという。この「業」は過去の行為の「宿業《しゅくごう》」によって生まれます。「宿業」はまたその「宿業」によって生まれると永遠の過去に続きます。

いま、科学が説明していることは、物質は原子によって構成されています。原子の中で一番小さいのが水素原子で、一つの核の周りを一個の電子が回っています。これを壊すと、大量のエネルギーが出て、これが水素爆弾です。そして、核を壊すとまたエネルギーが出て核爆発という。核の中が中性子と中間子と陽子の三つの素粒子《そりゅうし》に分かれるようです。これらを壊すと、また大量のエネルギーが出るようで中性子爆弾が作れる。そして、素粒子は電子・量子《りょうし》など、研究の分野で呼び名が違うようで、一番小さな物質の呼び名です。電子は運動ではわからず、微量の電気を帯びていることで存在を知るようです。つまり、物質の向こうは運動とエネルギーだといいますから、仏教の「業力」といえます。近代物理学でエネルギーの向こうは何かと問われたら、わからないという。仏教は宿業だと答えますから、それ以下の中に踏み込むためには、永遠の過去の運動（宿業）を探らなければいけなくなり、不可能な探索《たんさく》でしょう。

二〇〇三年、ノーベル賞を受賞した小柴昌俊《こしばまさとし》博士は、陽子から出た素粒子の中のニュートリノの研究者でした。小宇宙が死滅するとき、最後に燃え尽きてこのニュートリノがたくさん発生するそうです。いまもたくさん、地球に降り注いで、地球を突き抜けて宇宙の彼方《かなた》に去っているといいます。ニュートリノが水の中を通ると発光するので、深い地下の洞窟《どうくつ》の中でその方向や距離を調べているようです。ニュートリノは宇宙の彼方に飛び去るというから、宇宙全体を経験するという「業」を内包していることになるでしょう。

『華厳経《けごんぎょう》』では「一即一切」といって、この極微の一粒が三千大千世界を蔵《ぞう》していると教えます。これを、『華厳経』では「一如」の証《さと》りという。『華厳経』は奈良の大仏のある、東大寺が大切にする『お経』です。韓国では、この『華厳経』の仏教が盛んなようで、仏教はここまで言い当て、物理学への予言をここまで提言してきました。

……大乗仏教では、これらを総合発展させて「一如」と呼びました。

キリスト教では、たとえば鉄は神が造ったという。ところが、鉄の原子が結び合っていると発見されると、原子を神が造ったという。原子は核と電子の集まりと証明され、核は素粒子だと発見されるたびに修正してきたでしょう。科学が発達するに従って、まだわかっていない先が神の創造だといい直してきたのです。

仏教は、「あらゆるものは、結び合って生まれる」といい、まったく修正することがなかったのです。真理のみを追究してきた仏教は、いかに嘘のない正しい道を歩んで来たかということです。ここまでくると仏教は、〝すごい〟の一言です。近代天文学から近代物理学が、研究してきたすべてが、「一如」の証りに納まります。アインシュタイン氏は「仏教は宇宙時代の宗教」といいました。シュバイツァー氏は、〝キリスト教はインドの哲学（仏教やジャイナ教の生命の畏敬《いけい》）によって活かされる〟といいました。シャカムニとは、底のない深さを持った方です。この「一如」を学んだら、世界中の戦争をなくすことができます。近代物理学者にもクリスチャンにも、このシャカムニの精神は真理ですから理解できるはずで、「一如」の平和な世界実現に向かうことができます。

さて、この世を直視したシャカムニは、「ニルヴァーナは寂静《じゃくじょう》」と教えました。その本来の姿と、心が一致し行動すると「証り」です。何を見ても「あなたは私です」と、手をさし延べ自分のこととして行動する方がブッダでありボサツです。ブッダの持てるすべてが自分のものとなるのですから、私もブッダになれるのです。苦しんでいる人はもちろん、目の前に咲いている花も私です。暴走族の音も、私の音と考えたら腹が立たないでしょう。議論し喧嘩《けんか》している相手も、私なのです。この学びに反する心を「我執《がしゅう》」といいます。「エゴ」ともいいます。自分を掴《つか》むということは大切ですが、真理を見ないで自己中心となることを我執と嫌《きら》います。だから「無我」になりなさいという。教皇が批判したように、この世の邪悪に目をそらして、逃げることが無我ではないのです。我執によって真理に背《そむ》くことを否定して、自我を無にして真理を受け入れる、そのような自我の確立を良しと教えているのです。

「一如」の証《さと》り

神やブッダは、なぜこの世を救い、人類を救おうとするのでしょうか。
神は人間を造ったといいますから、当然、被造物の人間に愛着が起こることは分かります。ところが、神が天地を想像したのならすべてを愛しているはずで、人間だけを救うといい、他の生き物は人間のために造られたというからおかしい。これは、人間の身勝手な迷いの投影から生まれたと考えます。

……では仏教では、ブッダがどうして人類を救う心を持ったのでしょうか。

シャカムニは、あるがままずべては平等で一つという。結び合いの違いによって違ったものになっている。すると、あらゆるものは「私」であり、私は「あらゆるもの」です。この目覚めから、「あなたは私です」という思いでブッダは人間を救ってくださいます。私もブッダになれます。「彼あるがゆえに、われあり。われあるがゆえに彼あり」といい、「あなたは私であり、私はあなたです」と証ればブッダです。キリスト教にも「自分を愛するように、あなたの隣り人を愛せよ」（マルコ一二、三九）という教えがあります。ところが、神は神に背く者に罰を与え殺してきました。人を殺したら、自分を殺したことになるから、虫一匹殺すことも罪と教えるシャカムニの「一如」とは違っています。戦争は絶対にダメだと、「非戦」の仏教が説かれます。神は戦争に荷担したので戦争肯定です。私心をまじえる「愛」は、裏を反せば復讐心《ふくしゅうしん》に変わる愛です。親鸞は「愛憎違順《あいぞういじゅん》」といって、愛が裏切られると憎悪《ぞうお》に変わると教えます。

『華厳経《けごんぎょう》』には肉を食べるときには、自分の身の肉を食べていると思えという。牢獄《ろうごく》に繋《つな》がれた罪人に代わって、牢に繋がれてあげなさいと厳しい「行」が要求されます。大乗仏教の初期は、ボサツとは善良な普通の民衆のことでしたが、発展して崇高《すうこう》な修行者の意味に変わり、到底《とうてい》、民衆が実行できないようなものとなった。いまボサツといえば、苦悩者のために命がけで助ける人のことで、観音や地蔵ボサツなどが代表です。彼らも修行の途上《とじょう》で、あと一歩でブッダになる地位にいます。

三十年ほどまえの本では、「一如《いちにょ》」（真如《しんにょ》）とは「一つにあらず、二つにあらず」とか「一にあらず異にあらず」（不一不異《ふいちふい》）という説明が多かったが、最近の学者は「あるがまま一つ」と「一」を重視した説明が多くなっています。あらゆるものの究極は、素粒子が結び合って生まれているといい出されてからでしょう。『お経』には「一如」より「真如」という言葉が多く使われますが同じ意味です。「如《にょ》」を「ごとし」と読むと、「のようである」という意味になります。ところが、「如実《にょじつ》」といえば真実という意味となります。「一のごとし」か、「一こそ真実」と解釈するかの違いです。そして、「生死一如《しょうじ》」（生と死は一つ）」とか、「善悪《ぜんまく》一如（善と悪は一つ）」とか、「浄穢《じょうえ》一如」（清いもケガレも一つ）という。「生死一如」ということは、生と死はまったく逆ですが、〝あるがまま一つ〟という。過去も未来も生も死も「いま」という時間の中で一つです。「いま」とは、永遠の時間を含んだ「いま」なのです。善も悪も、同じ心がそうなるので一つです。どんな綺麗《きれい》な花も、散ればゴミになるという事実を含んで、いまが「浄穢一如《じょうえいちにょ》」だといいます。

……あらゆるものが一つということは、あなたの苦しみは私の苦しみです。

あなたが悲しめば私も悲しい。あなたが喜んでくださったら、私も嬉《うれ》しいということになります。あなたと私の間が、一枚になるということです。この「一如」を証った者は、あらゆるものを自分のことと考えます。これが、「涅槃」からの救いであり、「一子地」という意味です。

ブッダはすべての人々を、わが一人子と考えます。神はイエスだけが一人子というが、ブッダには「一如」という証りからすべてが一人子という。子供が苦しめば、「お化けに狂《くる》わされたように」ブッダも苦しみ助けようとすると説かれます。これが「一如」からの「慈悲」の救いです。

……この慈悲の身を「為物身《いもつしん》」と呼びます。

「一如」の考えは、どんなに科学が発達しても、いつの時代の人類もすべてが学ぶべき「証り」です。この教えこそ、人類が救われる真理です。

するととう然、どのようなつまらない物でも「私」だと思って大切にします。そして、私が苦しんでいたら、何よりも先に解決したいと考えるように、一番に苦しんでいる人を救いたい気持ちになります。また次に、悪人も私ですから、悪人を真人間にしたいと考えます。悪人がいる限り、私も救われないという。この教えは大乗仏教が大切にしてきた教えですから、タイ国の上座部仏教の高僧はどうか分かりませんが、ダライ・ラマはこの教えに立脚《りっきゃく》していたはずです。

……これがブッダの証りであり、凡夫のわれらには大変難しい道です。

ところで、親鸞の文献には、信心の行者は悪人のために念仏を称えて上げなさいというが、親を罵《ののし》るような悪人には近づくなともいう。また、悪人に本願を届けるのは凡夫の仕事ではなく、仏天に任せなさいともいう。これは、ミイラ取りがミイラになる恐れがあるということでしょう。親鸞が助けなさいという一番の相手は苦悩の衆生であり、特に貧乏で苦しんでいる人のために自分の持っている財産を分かち与えなさいと、ここから伝道が始まると『行巻』にいう。証りを開いたブッダは、一番にそのようなことをしようと考えます。これが「一如」からの救済です。

知恵と智慧《ちえ》の違い

真理を証るためには智慧《ちえ》が必要です。仏教では智慧を磨くということが重要な修行とされます。「智慧」について、親鸞は念仏の智慧、信心の智慧と教えます。ところが、この「智慧」は世間でいう「知恵」と少々違っています。「知恵」はたくさんの知識を蓄え、多くのことを知ることから恵まれた人を知恵者というわけです。

仏教のいう「智慧」を曇鸞《どんらん》が説明して、「智慧」の「智」は〝進むべき方向を知って、決して退《しりぞ》かない〟という。「慧」は〝空《くう》を知り、無我を知る〟ことだといいます。法友の川田氏が、「知恵《ちえ》」と「智慧《ちえ》」の違いを、わかりやすく講話されたことがありました。

ある日、お母さんがマーケットから、ジュースを一缶《かん》買って帰りました。家で子供が二人、勉強しているからです。ジュースの缶とガラスコップを一つ、お盆に乗せて勉強部屋にもってゆき、〝このジュースを、二人で仲良く分けて飲みなさい〟といいました。コップが一つです。さて、どう分ければいいでしょうか。世のなかの常識的な分け方は、まず、年上のお兄さんが缶のふたを開け、コップに移します。いままでの、体験のありったけの知恵を絞《しぼ》って半分に分けます。そして、妹にいいます。

「よし、お前の好きなほうを先に取りなさい」

「わぁ、ありがとう」

といって、妹は缶のほうが得《とく》かコップのほうが得か、これまたありったけの知恵を絞《しぼ》ってコップのほうを選び、チラリチラリと兄を見ながら飲み、〝おいしいね〟といいました。

この方法が、世間の知恵のやり方だという。

それに対して、仏教の智慧のやり方はコップは必要ない。お兄ちゃんがフタをあけ、いきなり妹に突き出していいます。

「お前のほうから先に、好きなだけ飲みなさい。しかし、お兄ちゃんも欲しいから、半分は残しておいてくれよ」

「わぁ、本当。ありがとう」

といって、妹は飲み出すが、これぐらいで半分かなと考えながら、しかし、もう少し欲しいからこれぐらいはいいか、と考えてお兄ちゃんに渡します。

「もういいか、では、あとはお兄ちゃんがもらうよ」

といって、お兄ちゃんが飲むが、少し残しました。

「もういい、残りは全部お前にやるよ」

といって渡せば、妹は嬉しそうに飲み干《ほ》しました。

これが、仏教の智慧であって、私を「無」にしなければできない方法です。世間の知恵もいいが、あとに疑いが残ります。〝コップより、缶のほうがよかったかな〟とか疑いながら、私のほうがよかったと思い直して、〝おいしかったね〟といっているのです。

仏教の求めてきた智慧は、あとに疑いを残しません。兄は「無」になって妹に託するのです。解け合って、一つになるという状態です。これが、「慈悲」の風景が見える「智慧」です。シャカムニの死後も、永遠に亡びないこの智慧と慈悲を備えた、力のあるブッダたちが拝まれてきた。それが大乗仏教でした。

慈悲の利他行

私がブッダになるためには、修行が必要です。修行とは目的地に到る手段です。たとえば二階には一気に上がれませんから、階段を使います。階段の一段をよく見ると、小さな二階です。小さな二階を積み重ねてゆけば、本当の二階に上がることができます。だから、小さなブッダ、小さなブッダ、小さな「智慧」と「慈悲」を実践し続ければいいのです。だから、いつかはブッダになれます。仏教の最終は、「私」は「あなた」ですという気持ちに近づければいいのです。「汝とわれ」ではなく、「汝はわれ、われは汝」となるのです。この思いから実践すれば、ボサツといいブッダに最も近い人です。

……人のために尽くすことを、仏教では「利他行《りたぎょう》」といい、これが慈悲の実践です。「他を利する」「他に利益を与える」という意味で、キリスト教の隣人愛と同じ意味です。『無量寿経《むりょうじゅきょう》』（以後『大経』という）には、「衆生を見ること自己のごとくし」といい、他人を見ても私のように見て、私が私にするようにしてあげなさいと教えます。

日本に禅をもち帰った道元《どうげん》（一二〇〇～一二五三）は、私のことを「自己」といい、他人のことを「他己《たこ》」といいました。他の私というわけです。曽我量深《そがりょうじん》氏は、「如来《にょらい》（ブッダ）はわれなり、されどわれは如来にあらず。如来、われとなって、われを救いたもう」という。ブッダは私です。しかし、私はまだブッダではありません。ブッダのほうは私になりきって、私を救ってくださいます。これが「慈悲《じひ》」の心であり、『大経』では「無蓋《むがい》の大悲」といい、『観経』では「無縁《むえん》の慈悲」と教えます。蓋《ふた》のない慈悲《じひ》ということですから、持てるすべてが与えられる慈悲で無償《むしょう》の慈悲のことです。善導《ぜんどう》は「同体大悲《どうたいだいひ》」といい、私と人が「同体」だと一つだという慈悲です。だから、ブッダのすべてが与えられますから人間もブッダになれるのです。これが仏教の全智全能です。人間を神にまで高められないなら、全智全能とはいえないはずです。

「慈悲」には「小・中・大」の三種類があって、「衆生縁《しゅじょうえん》の慈悲（小悲《しょうひ》）」「法縁《ほうえん》の慈悲（中悲《ちゅうひ》）」「無縁《むえん》の慈悲（大悲《だいひ》）」と分け、ブッダは「大悲」です。「小悲」とは、命あるものが皆が持っている慈悲です。たとえば、代表が親子の慈悲で、師弟《してい》・友人・恋愛などです。自分の子が一番可愛いという、西洋では「エロス」という愛に当たるでしょう。

「中悲」とは、親子だからとか他人だからという関係をなくして、世界中のすべてに平等にかける慈悲のことです。これを「法縁の慈悲」といって、「法」の前にはすべて平等という、「アガペー」と同じ意味です。

「大悲」とは、この世のすべては私だと、一如の証りからの慈悲です。あなたは私ですというから、私とあなたが一つになるので「無縁《むえん》」というわけです。私が私にするように、人に実行する慈悲のことで、神には存在しない慈悲です。「一如の証り」には、叱責《しっせき》はあっても他を罰するという心はないのです。「大慈悲」は裏切られると、悲しみに変わる。〝なんと悲しいことか〟と、どこまでも泣いて抱きしめようとする心です。そして、絶対に最後まであきらめず、自分が自分にするように救われないことを覚悟でどうにかしようという心を持ち続けます。

この仏教の慈悲は、人間の心の投影とは逆の考えです。人間には、自分より人は幸せになって欲しくないという心が潜んでいます。この心を破った心が、中悲であり「アガペー」です。「慈」とはインドでは「マイトリー」といい、友情という意味です。「悲」はインドでは「カルナー」といい、苦痛や悲痛の意味で苦痛と友達になる、共に苦しむという意味です。中国では「抜苦与楽《ばっくよらく》」（人の苦を抜き、私の喜びを与える）と翻訳《ほんやく》された。金子大榮《だいえい》氏は、「慈悲」の「慈」は私を相手の中に入れて考えてあげる心であり、「悲」は相手を私の中に入れて考えてあげる心と説明します。

……私とあなたが、一つになるのです。

キリスト教でも「アガペー」といい、「隣人愛」と呼んでいます。私にして欲しいことを、相手にもしなさいという。この与えきる愛が本当なら、人間も神になれるはずですが、人間は神になれないというから、神の愛よりブッダの「大慈悲」の方が純粋といえます。その最大の違いが、神は罰で人を殺しブッダは虫一匹殺すことができないと教えます。

……大慈悲とは、煩悩を完全に解決したブッダの心です。

つまり、〝「あなた」は「私」です〟という気持ちの完成者がブッダです。これは、どの仏教でも共通な教えになっています。〝助けてやった〟ではなく、私のことを私にするように人にもすると、信者もそのブッダたちに等しくなるのです。

一如からの行為

一如といえば、〃仏教とは、味噌も糞《くそ》も一緒だというのですか〃といわれたことがあります。〃そうです〃と答えました。味噌汁を食べたら、ウンチになるなら一緒でしょう。いままで、一つも汚い物を食べたことがないのに、ウンチがなぜ汚いのか。中国では、大《たい》抵《てい》の家の裏庭で豚《ぶた》を飼《か》っています。便所はいらないのです。朝、裏庭でウンチをすると、豚が食べてしまうのです。人間のウンチも豚にとってはご馳《ち》走《そう》です。人間はその豚を、〃うまい〃といって食べているのですから、この世は味噌も糞も一緒でしょう。

オートバイの代名詞みたいになった、ホンダの創設者・本田宗一郎氏が傑《けつ》物《ぶつ》だという逸《いつ》話《わ》を聞いたことがあります。いまから五、六十年も前の話でしょう、アメリカから商談の話で重役が来日した。その重役が会議中に、便所から戻ってくるなり〃何か、棒を貸してください〃といい出した。よく聞くと、入れ歯を便所に落として、ウンチの上に見えているので拾いたいという。宗一郎氏は直ぐ部下に、〃拾って上げてください〃と命じた。当時は汲み取り式の便所だったようで、部下は事務所の尺《さし》のような物で、入れ歯を引き上げようとしたようです。ところが、失敗してまた落とし、柔らかいところに落ちて、入れ歯の半分ほどが埋まったのです。〃これはダメだ。お箸《はし》がいいだろう、持って来て欲しい〃

といった。少し上がったところで、またまた滑って落としてしまって、もうほとんど見えなくなって皆が騒いでいた。その騒ぎに社長が気づいて、〝君たち何をやっているんだ〟といいながら、ワイシャツの袖《そで》をまくり上げてウンチに手を突っ込んで拾い上げ、綺麗《きれい》に洗って〝ここでは消毒できませんから、帰って消毒してください〟といって渡したという。味噌と糞は別だと思うから、味噌の中に手を入れてかき混ぜますが、ウンチではできません。宗一郎氏は、味噌も糞も一緒だと思っていたのではないでしょうか。

アメリカの重役は、その入れ歯を入れたでしょうか。入れたとしたら、これまた味噌も糞も一緒だと考えないと入れられないでしょう。拾おうとしたのですから、入れるだろう。この重役は入れるたびにホンダを思い出し、ホンダがどのような失敗をしても、この重役やこの重役の部下がいる間味方をしてくれるでしょう。あの社長に育てられたホンダなら、どのような逆境にも相手を裏切ることなく、乗り超えてくるだろうから信じようじゃないかといってくれるでしょう。これが〝世界のホンダ〟を支えた一因だと思う。どんな不況もチャンスと考え、頑張ってきたと想像します。

これも凄《すご》い話で、山岡鉄舟《やまおかてっしゅう》氏（一八三六〜一八八八）です。幕末から明治にかけて幕府側で維新のために奔走《ほんそう》し、勝海舟《かつかいしゅう》氏の使者として西郷隆盛《さいごうたかもり》氏と密談することに成功させ、維新を成功に導いた方です。剣道の指南役でもあり、政治家にもなった人です。この人が詠《よ》んだ「晴れてよし曇りてもよし不二の山　もとのすがたは変らざりけり」という、「一如」を歌った句が有名です。富士山は晴れているときには喜ばれ、曇っているときには貶《けな》されるが、元の姿はいつでもいい富士だという歌です。

彼が台東区に明治維新の功労者を祀《まつ》る、全生庵《ぜんしょうあん》を建立されました。その新築祝いに、旧知を暖めた禅僧《ぜんそう》数人と見知らぬ浮浪者を集めて宴会をした。喜んだのは浮浪者で、久しぶりのご馳走に飲めや歌えの大騒ぎ。ついに泥酔《でいすい》して、新畳《あらだたみ》に反吐《へど》を吐《は》いて倒れてしまう者が出てきて、嫌な顔をした禅僧に鉄舟は〝和尚《おしょう》、お仏飯《ぶっぱん》を召し上がりませんか〟と尋ねた。数人の禅僧がにっこり笑って、〝お仏飯ですか、それはいい。ご酒《しゅ》も進みましたところで、お茶漬《ちゃづ》けもよろしいな〟と所望《しょもう》した。〝では〟といってやにわに立って、いましがた吐いた反吐を手に汲んで、〝お仏飯ですぞ。召し上がれ〟といって突きつけた。居並ぶ禅僧は、〝お仏飯とはそのことか。そればかりはご勘弁《かんべん》を〟と皆が断ったら、〝では、私がいただきましょう〟とガブガブ飲んだという。これを見た禅僧たちは〝あの真似は、一代や二代の修行で、できる離れ業《わざ》じゃない〟と感心するやら平身低頭《へいしんていとう》するやら。浮浪者が吐いたヘドも、ご馳走も同じ物のはず。ところが、私たちはまったく違う物と思う。平生は、禅僧も偉そうに〝一如が肝要じゃ〟といっていたが、いざとなれば後込《しりご》みをするという話である。

道元『正法眼蔵随聞記《しょうぼうげんぞうずいもんき》』に、「真実無所得《むしょうとく》にて利生《りしょう》のことをなす。すなわち吾我《ごが》を離るる第一の用心なり」（真実の無一文こそ、人を助けることになる。これすなわち、自我を離れる第一の重要な心得です）という。無に徹《てっ》すということは「一如」となり、利他行をなすことです。宗派によって拝むブッダは違っても、めざす「涅槃」や「一如」は同じです。だから、仏教のどの宗派のブッダも、苦悩者を一番に救ってくださいます。救われた者は、今度はすべての命ある物のために「自分のこと」として、救う人間になると教えます。助ける側と助けられる側が、天地一枚の間に何ものもないという感覚です。仏教で「一如」を一番に目指したのが「禅」でしょう。「禅」の字は、単を示すという字ですから、一番に「一如」をめざした仏教だといえます。

仏教には「無住処涅槃《むじゅうしょねはん》」という涅槃があります。人を救うために動き回って、ジッと住みつく場所を持たないという「涅槃」です。これが、「無」や「空」に根ざした生き方です。

……これが、手垢《てあか》のない「涅槃」であり、「一如」からの実践です。

その理想に向かって、人間を育てるために仏教では修行が説かれます。「修行」という意味はキリスト教の「業《わざ》」に近い意味で、智慧を磨き人のために尽くすことです。大乗仏教《ぶっきょう》の行為は、自分と人との両方の利益が満足することを求めます。これを「自利々他《じりりた》円満《えんまん》の行《ぎょう》」と呼びます。たとえば商売でいえば、お店は儲《もう》かって〝よかった、よかった〟と喜んだが、お客さまは騙《だま》されたように思うようではダメなのです。また、お客さまは喜んだが、お店が損をしたというのでも長続きしません。両方が喜べるような商売が、大乗の「行」に叶《かな》った商売です。

ただし、仏教にも自己犠牲の精神があります。『大智度論《だいちどろん》』に修行者がハトを助けるために、飢《う》えたハゲタカに全身を与える話です。ある時、若い修行者が歩いていると、天から帝釈天《たいしゃくてん》が見て試したくなりました。帝釈天はコンドルに化け、家来をハトに化けさせて追いかけます。修行者の懐《ふところ》深く逃げ込んだハトは震えながら、〝助けてください〟と震《ふる》えて見せます。近くの木にとまったコンドルがいいました。

「修行者よ、そのハトをオレにくれ」

「だめだ、お前は力が強いのだから、命のないものを食物としなさい」

「オレは腹がへってペコペコだ。それを食べなければ死んでしまうのだ」

「どんなにいっても、この怯《おび》えているハトを私は護ってやるからな」

「お前はハトは助けるが、オレを助けてくれないのか。それなら、お前はえこひいきをする悪い奴だ」

「なるほど、悪かった。では、このハトを見逃してほしい。その代わり、このハトと同じ重さの肉を私の体の肉で与えるから」

「それならいいだろう」

秤《はかり》を持ってきて、片方にハトを乗せた。もう一方の天秤に肉を乗せるように要求した。いわれるまま、まず胸の肉を乗せたが、はるかにハトのほうが重かった。足の肉、手の肉を乗せたがハトのほうが重いのです。全身を乗せると、スーと下がって同じ重さになったのです。ハトは肉を取られたら命を落とすのです。人間も命を乗せなければ同じ重さにならないということです。仏典には、このような話がいっぱい出てきます。

　ところで、神には自己犠牲があるのでしょうか。神に死はないのですから、最大の自己犠牲は払えないはずです。一人子イエスを犠牲にしたのであって、自分の命を代価としたのではないのです。ところがブッダは、「娑婆《しゃば》往来《おうらい》八千返のうち、一度は自殺する」という記述《きじゅつ》が『お経』にあると聞いたことがあります。これは殉教《じゅんきょう》を表しており、ブッダの自己犠牲です。

アミダ仏は四十八種の願いのすべてに、自分の命を代価とします。自己犠牲は、私を「無」にした「涅槃」の発想です。煩悩の解決なくして世の中を見ると、自分中心になって本当の世の中が見えません。すると、苦しんでいる人の身になることもできないのです。

偉そうにいっている私も、妻には頭が上がらないのです。私の母が九十一歳で脳梗塞《のうこうそく》で倒れ、妻の介護のお陰で九十八歳の長寿をまっとうしました。倒れたときの母に、私は誰かと尋ねたら、〝近所のおっさんやなぁ〟といわれたのには驚いた。当然、オムツをしていた。ある朝、母の部屋に入ったら臭《くさ》いのです。オムツを畳に投げ出し、布団《ふとん》の縁《ふち》はウンチで汚れていた。〝こりゃ大変だ〟とばかりに妻を呼んだら、妻は早速に始末《しまつ》をしてくれました。当分、臭くて、畳の縁《へり》にはいまも、ウンチの乾き着いたシミが残っています。私は施設に入れるしかないと考えたが、母が元気なときに倒れたら家で見て欲しいと約束していたという。だから、妻は家庭介護を主張した。妻がどこで聞いてきたのか、ウンチで汚れた部屋や畳は、アンモニヤで拭くと臭いが取れるという。毒には毒で征《せい》するというわけらしい。水害で汚れた障子は、流れてきた泥水《どろみず》で洗うと汚れが目立たなくなるとも聞いたことがあります。

長い間寝込むと、糞詰《ふんづ》まりになります。気張る力が弱って、何日も便所に行っていないのです。三日も経つと、カチカチに固まってどうしても出ないので、一週間も経つと自力では無理になります。浣腸《かんちょう》を二本使ってもダメで、苦しみ出します。すると、妻はお尻に指を入れて掘り出したのです。

母も昔、姉がお産で帰っていたとき、糞詰まりになってお箸で掘り出したという。栄養を摂《と》らなければということで、卵を沢山食べさせた。すると糞詰まりになって苦しみ出し、母はお箸で砕《くだ》いて掘り出したという。妻は指で掘り出したというから、母以上に「一如」の仏心が身についているのだと、感じ入りました。私も頭ではわかって、偉そうにいっているが妻には頭が上がらないのです。ブッダの救いは、私がどのような苦難の毒に沈んでいても、諦《あきら》めずに救い出してくださる方なのです。

三　教皇への反論——この世は完成か未完成か

この世は未完成か

教皇の視線がおかしいと思うのは、「ブッダが体験した《証《さと》り》は、この世を邪悪と苦悩の原因と確信した」と批判しながら、「この世を未完成」といっている矛盾があるからです。未完成なら、この世を邪悪と苦悩の世と見たシャカムニは正しいのではないでしょうか。もし、神が完成した方なら、完成品しか造れないはずです。「未完成」に造ったのなら、神も未完成のはずです。

キリスト教と仏教の違いを考えると、キリスト教は「初めに神ありき」の教えです。神が正しかろうが間違いだろうが、初めから神は正しいと信じなければいけない。つまり、キリスト教は神に疑問を持ってはいけないのです。目をつぶりなさいという盲信《もうしん》から入れ、神は正しいのだと洗脳しています。そして、この神以外を神と崇めてはいけないと教え、真理より神を先行させるから厄介《やっかい》です。最後には、真理を信じて生きることが最高だと考える者と衝突することになります。

教皇が「神から自分に任された作品を絶えず完成の域に近づけるため」というのは、『聖書』のこの言葉からでしょう。

わたしたちは神の作品であって、良い行いをするように、キリスト・イエスにあって造られたのである。神は、わたしたちが良い行いをして日をすごすようにと、あらかじめ備えてくださったのである。（エペソ二の一〇）

この文を、教皇は「彼造界は人間に任務として与えられ」と、少し疑問の起る解釈をしている。神が未完成に造ったということは、完成する手前で止《や》めたこととなり、神は完成を待たずに放棄するという怠惰な心が存在することになります。その現れが、神は裁きの名でもって人を殺してきたことに一致します。

「人間にこの世を完成させるために与えた」とするなら、まず人間を完成させていなければなりません。ところが、イエスを神の子といい、人間は神にはなれないという。初めから限界と差別があることになります。神の願うとおりに完成させるためには、まず人間は神にまで高められていなければなりません。ところが、人間は神にはなれないのだから大きな矛盾です。未完成の人間がどんなに頑張っても、この世を完成させることはできません。完成させよと命じる神自身が混乱しています。

仏教は人間をして、完全なブッダにまで高める教えです。その道に自力（聖道門）と他力（浄土門）の二つの門があって、どちらもブッダに高まる教えです。聖なる道を求める《証《さと》り》は、まず自体満足を教えます。あるがままを満足する教えです。私は私のままでよかったという教えを「証る」のです。

親鸞の教えは浄土門です。身は愚かで悪人であって、生きている間はブッダになれないが、信心がブッダになると教え「この心、仏と作《な》る。この心これ仏なり」（『観経』）といい、シャカムニが最後に説かれた『涅槃経《ねはんぎょう》』から、「大信心は仏性《ぶっしょう》なり、仏性すなわち如来《にょらい》なり（優れた信心はブッダの性質です。仏性はブッダです）」（『浄土和讃』）と、信心だけはブッダになっていく教えです。その教え、その信心の邪魔をする「わが身」は悪人だったと自然に自覚を生む教えです。

神に近づけるか

教皇は、「私たちはこのようなしかたで神に近づくことができるのでしょうか」と仏教を批判します。仏教とは、人間をブッダにする教えです。仏教では人間は未完成と教えますが、この世が未完成とは教えません。この世は、真理によって運行しているだけだと教えます。「結果は自然なり」といいます。たとえば、この世では皆死に向かっており、形ある者すべてが滅びに向かっています。これは、無常という真理だと教えます。百人が百人、皆死にますから完璧です。無機質の石でさえ、雨に打たれて形を変えて滅びます。何一つ、例外を認めないから真理です。

私の住んでいる「香川県」はいま「さぬきうどん」のブームで、土日は全国から「うどんツアー」で沸きたっています。香川県に来て一番に気づくのは、山の形が違うことでしょう。讃岐の山は瀬戸内海に近づくほど、丸い山になります。切り立った山は、四国の中心部でないと見られません。他県の風景と違った長閑《のどか》な風景を醸《かも》し出しています。たぶん、山ができて古いので、やがて平地に変わる前の山なのでしょう。四国の中でも香川県は特に丸い山が多いのです。このように、大地さえも変わっているのですから、宇宙も大変な時間をかけて変わっていると想像します。壊《こわ》れないという物は、この世にはないのです。

すべて変化し、滅びに向かって「諸行無常」の運行を続けています。キリスト教では「罪のあがないは死である」と教えます。罪を作ったから死ぬのなら、山がどんな罪を犯したというのでしょうか。ところが一人、イエスだけは死なないメシアだったという。これは、真理に反しています。真理に反する者は、周りと衝突をして世を乱すトラブルメーカーとなります。

ところで、人間の煩悩だけが自然の条件に満足せず、人間の都合のいいように変えようとします。動物は不満など考えておらず、日溜《だ》まりでは犬も猫も腹をひっくり返して気持ちよさそうに寝ています。人間がこの世の一番のトラブルメーカーです。国境などなかったのに、線を引いて戦ったのは人間です。ほとんど人間の煩悩の所作《しょさ》であって、どんなに完成に向かって改革しても、結局は煩悩の都合の内といえます。都合の悪い虫を害虫といって殺すのは、人間の身勝手であり煩悩の所作です。害虫をたくさん殺すことが作品の完成に向かっているというなら、神がそのように願ったのかと聞きたい。神が「生めよ増やせよ、地に満てよ」と、煩悩を解決しない人間を増やすことを望むなら、この世を邪悪にしている一番の原因が神といわれるでしょう。

……これは、神の摂理《せつり》の欠陥です。

仏教的立場からは、このような質問があります。〃極楽はいままでに多くの人が生まれて、私が入る余地がないのではないか〃と、それに対し〃迷える者が集まれば集まるほど、世界は狭くなって衝突ばかりが起るが、証《さと》れる者が集まれば集まるほど、世界は広がり隙間が広がる〃という。欲の深い者が隣に来れば窮屈になるが、懐の広い人が来れば楽しく衝突がなくなるという意味です。

確かに、『阿弥陀《アミダ》経』ではこの世を「五濁悪世《じょくあくせ》」と説きますから、教皇は「ブッダが体験した《悟《さと》り》は、この世を邪悪と苦悩の原因と確信した」と批判したのでしょう。シャカムニが考えた「五濁悪世」とは、根本的に人間の煩悩が作り出した「悪」を指します。「五濁《じょく》」とは、まず一が「劫濁《こうじょく》」といって、時代が濁《にご》り飢餓《きが》、疫病《えきびょう》、戦争などが増大する。二が「見濁《けんじょく》」で、思想や見解が濁る。三が「煩悩濁《ぼんのうじょく》」で、むさぼり、いかり、愚痴の三毒の煩悩がますます盛んになる。四が「衆生濁《しゅじょうじょく》」で、資質《ししつ》の低下で濁る。五が「命濁《みょうじょく》」で、清貧を実行せず生命力が弱り寿命を短くしているという五つの濁りが説かれます。親鸞は「煩悩具足《ぐそく》の凡夫《ぼんぶ》、火宅無常《かたくむじょう》の世界はよろずのことみなもって、そらごとたわごと、まことあることなきに」（『歎異抄《たんにしょう》』後序）といい、一番に「煩悩具足」によってこの世が「そらごとたわごと」の世になっていると結論します。またこのようにも歌われます。

罪業《ざいごう》もとよりかたちなし／妄想顛倒《もうそうてんどう》のなせるなり／心性《しんしょう》もとよりきよけれど／この世はまことのひとぞなき（『愚禿悲歎述懐和讃』、本派六一九頁、大派五〇九頁）

【私訳】

罪悪はもとから形があったものではなく、勝手な自己中心の心が作った。深層心理はもともとは清いものだが、この世にはまことの人がいない。

罪業というのは、もともと形のないものだが、煩悩による「妄想」によって邪悪が生まれたという。他者を責める先に、自分を改革するべきと教えるのが仏教です。これは人間の愚かさから社会秩序や社会環境が悪化し、いま環境汚染が叫ばれてきたとおりで、邪悪の中心は煩悩だといえます。煩悩を喜ばそうとして人間社会が変化してきたのは、煩悩からいえばいい作品になっているでしょう。しかし、煩悩は自己中心の欲であって、すべてが満足できることではなく、煩悩の解決が優先されるべきです。

キリスト教では、智慧と慈悲を合わせて「愛」といっているようです。仏教でいう「愛」は煩悩の内で、智慧は含まれていません。また、愛は惜しみなく与えるというが、仏教では愛とは惜しみなく奪う、渇愛《かつあい》と解釈します。もし、神が持てるすべてを与えるなら、人間も神になるはずです。ブッダに救われた者はブッダになりますから、ブッダは惜しみなくすべてを与える方です。だから仏教からは、神は智慧と慈悲においては未完成者と考えます。

このようにいえば、人間が神になろうなんて考えることが冒瀆《ぼうとく》だと否定されます。キリスト教では、人間は絶対に神になれませんと主張します。そのときに、〝いま、あなたは神になっていますよ〟といってあげたいのです。〝絶対になれない〟というからには、いま、あなたは神になり切って答えているのです。神でもない者が、〝絶対〟なんていえないからです。神に完全に依存すれば、神になり切っているのです。これが大乗的帰依《きえ》です。この仏教が、もっと世界に《ひろまり》を見ていたら、世界中が平和で神の名のもとに戦争しなくてすむはずです。

神がこの世を未完成に造ったといえば、われらは神の戯《たわむ》れのために演技をさせられているることになり、依存の生き方しかできなくなろう。現に、イギリスの哲学者のバートランド・ラッセル氏の著述『宗教は必要か』で、人類は神のために演技をさせられていると批判しています。『旧約聖書』にも「主の僕《しもべ》（奴隷）」（イザ四二の一～四、四九の一～六、五〇の四～九、五二の十三～五三の十二）と呼ばれるとおり、依存の生き方が望まれています。

人間を「作品」と見る神とは、初めから最後まで永遠に平等には出会えない、奴隷（道具）としての存在でしかないということになるでしょう。

『大経』の最後に、極楽は「各々安立《かくかくあんりゅう》」する場所と説かれます。浄土はおのおのが安心して立っていける場所で、〝独立者となる場所だ〟という。独立者とは、あらゆる者と平等に出会えるという意味で、戯れの演技はまったく差し挟めません。これを仏教では、「実相身《じっそうしん》」と呼びます。この世に依存すると、人間とブッダ、神とが平等に出会えない、親と子供、先生と生徒、社長と従業員とが平等に出会えません。身は食べなければ生きられないということは、この世に依存しなければ生きられない存在ですが、精神まで依存すればこの世の奴隷となります。精神までお金に依存すれば、お金の奴隷となるのです。

神は何のためにこの世を造ったかという質問がある。〝神は、神の愛と喜びのためにこの世を造った〟という答えが常識のようです。それなら神の愛と喜びは、未完成のこの世に依存した愛と喜びを求めたことになります。この世がなければ喜べない、苦しむ者がいなければ愛が表現できないなら、依存の愛や喜びとなって完全独立者ではないと仏教は教えます。ブッダを「両足尊」と呼びます。両足で立った尊い方です。何ものにも依存せず、独立者となり一人立ちした方です。神はこの世を創造した時点で、神自身が両足尊の生き方を失い、依存の喜びを求めたのでしょうか。

仏教はすべてに無関心か

教皇は「仏教はすべての事柄に対して無関心」といいます。しかし、シャカムニはこの世のすべては結び合って生まれ起っており、無関係なものは何もないと教えています。結び合いが切れたら死んだ状態になり、また次のものと結び合って生まれ変わり、この世は休むことなく変化していると教えます。

この世のすべてが、網の目のように結び合っているのです。網といっても、平面だけでなく、立体の形状だと考えてください。立体の網の目の一つが私です。一つの網の目を引きますと、網全体が動きます。近くのものは強く動きますが、遠くのものは微動でも無関係ではないのです。だから、自分が立派になると社会全体に影響します。「一即一切、一切即一」(一は即ち一切、一切は即ち一) と教えます。その教えを学ぶ仏教徒に対して、教皇は「すべてに無関心だ」と批判してきたのです。神がこの世を造ったといえば、私と読者は無関係ですから、関心を持つように努力しなければいけないでしょう。仏教は、無関係のものがないといいますから、無関心になっても無関係ではいられないということです。

地球の裏のブラジルやオーストラリアで雨が降らなければ、日本のコーヒーやうどんの味が変わったり、値上がりしたりします。アメリカの大統領がクシャミをすれば、日本が風邪を引くといわれるぐらい影響を受けるのは、この世は結び合って起っているからです。サブプライムローンで私たちは世界中が無関係でないということを、嫌というほど知らされました。……これを「すべては、ご因縁次第《いんねんしだい》」といいます。

落語で、〝風が吹けば桶屋《おけや》が儲《もう》かる〟という理屈です。この因縁次第を、大いなる神が左右しているというのは、現証を無視したアニミズムから考え出したことです。人智で理屈がわからない部分に、大いなる神を持ち込んでわかったつもりになっているのです。科学が発展すればするほど、いままで神のワザだといわれてきたことが間違いと証明され、結び合って起こっていることがわかってきました。鉄は鉄の元素が結び合って生まれているのです。すると、神の領域は減《へ》り、因縁の領域が増えてきたのです。

ところが、仏教が正しいから広まるかといえば、そうはいえないようです。民衆が自己中心の欲に動かされて、非科学的なアニミズムを信じるためです。この問題を二千年前に気づいた仏教が大乗仏教です。民衆が関心を持ったアニミズムを取り入れない仏教は広まらないし、パワーを生まないという考えを抱くようになったのです。

大乗仏教の完成者といわれる龍樹《りゅうじゅ》（南インドの人。一五〇～二五〇ごろ）は、《縁起《えんぎ》・空《くう》》の精神から「利他行」を重要な理念と教えた。「証《さと》りを求めるボサツが、人のために尽くす〝利他行〟を行わないなら、馬とは名前だけで馬の用をしないボサツです。空を証《さと》ったと思いながら、利他行を実行しないボサツは、腐りきった敗壊《はいえ》のボサツです」と厳しく戒《いまし》めます。利他行しないボサツは「空」の解釈を間違え、苦悩者を見ても「苦しみも空だと」静観《せいかん》するボサツであって、これは「ボサツ沈空《ちんくう》の難」といって、ボサツの堕落《だらく》だと教えます。このボサツが救われるには、地獄から這《は》いだすよりも難しいといいます。

……すべてが「無・空」だと証れば、すべては平等で一つだと証るのです。

ブッダには色々の呼び名があって、『お経』では十種をあげます。「如来《にょらい》」といえば「如より来生した」という意味で、如実《にょじつ》（真実）の世界からこの世に来て、苦悩者を救うというブッダの別名です。仏教の本を読んで、ブッダのことを「如来」と書かれている場合は、救いに来たブッダをイメージしていると読めばいいのです。このブッダの「涅槃《ねはん》」が見落とされ「無関心」といえば、正常な仏教への批判ではなく腐りきった敗壊《はいえ》の仏教への批判だといえます。

人に罪を被《かぶ》せない

シャカムニは八十歳の時、信者だった鍛冶屋《かじや》のチュンダが出した珍しいキノコを食べたために、赤痢《せきり》に罹《かか》ったといいます。弟子たちはチュンダを責めましたが、それを知ったシャカムニは弟子たちを制して〝私はチュンダの供養《くよう》によって、いまブッダの完成である無を喜ぶ大般涅槃《だいはつねはん》に入ることができる。南無《なも》・チュンダ〟と手を合わせて拝まれたと説かれています。

死が近づいたシャカムニを見て、弟子たちの間でどのような葬式をしたらいいか、葬式の後はどのような儀式をしたらいいかが問題になったようです。そこで、ご本人に聞くのが一番だということで尋ねました。すると、「お前たちがそのようなことを考える必要はない。私の葬式や後の祀《まつ》り方は、この土地の人に任せなさい。お前たちは、ただひたすら真理を求めて生きていきなさい」と答えた。仏教とは、葬式仏教ではないのです。ひたすら真理を求めていく宗教です。真理を求めていけば人生は安らかであるということが、シャカムニの最後の「涅槃図《ねはんず》」です。弟子や民衆だけでなく、動物までが集まり泣いて別れを惜しんでいます。

イエスの死は死刑です。殺されたということは、周りと衝突をしたのです。自説を主張し、最後まで妥協しなかったためでしょう。衝突しても、それが自分の救いだと考えたのでしょう。そのような死に方を、理想と考えるのがキリスト教です。イエスはメシアであって、人の罪を被るといいながら、殺されたのでは人に罪を被せています。イエスがいたために ユダは罪を被り、地獄に堕ちたのでは贖罪《しょくざい》の破綻《はたん》です。シャカムニは私がいたために、人に罪を被せてはダメだという配慮を教えます。だから、決して殺されてはいけないという。どうしても殺されなければいけないときは、自殺をしてあげなさいとまでいう。

『涅槃経《ねはんぎょう》』に説かれた、雪山童子《せっせん》という修行者の話です。真理を求め修行をして疲れ、とある森で石に座って思案していました。すると、真理の教えが聞こえてきました。

「あらゆるものは移り変わって、止《とど》まることがない。これは、生まれたり滅《ほろ》びたりをくり返す、生滅《しょうめつ》の真理だ」（諸行《しょぎょう》は無常《むじょう》なり、是《これ》は生滅《しょうめつ》の法《ほう》なり）

雪山は、含蓄《がんちく》のあるこの言葉を聞いて、ハッと感じ入りました。

〝そうであった、私は移り変わらないものを探し求めていたが、形ある物はすべて変化し壊れるのです。移り変わるということは、瞬間のうちに生まれたり滅びたりを繰り返して、結局、全体が滅びに向かっているのです。これこそが、永遠に変わらない真理であった〟と雪山は証った。〝この真理を、誰が教えてくれたのでしょうか。〟と、森の暗闇の中を探すと人間の生き血を飲み、人間の肉を食べ物とする怪物ラセツが潜《ひそ》んでいました。

「あなたがいま、私に真理を教えてくださったのですか」

「そうだ」

「では、その次の教えがあるでしょう。生滅《しょうめつ》を繰り返すということでは、最後まで喜べません。生滅をどうすれば喜びに変えるのか、是非、教えてください」

「ワシはいま、腹が空いてペコペコだ。食い物が先だ」

「では、必ず、私が食べ物を探してきますから、教えてください」

「ワシの食べたいのは人間の肉だぞ。ワシが飲みたいのは人間の生き血だ。それでも、探して来られるというのか」

「……結構です、私は真理を学ぶために命を懸《か》けています。教えてくださるなら、私を食べさせてあげましょう」

強い決心を表明しました。すると、次の句を教えてくれました。

「あらゆるものは生滅をくり返しており、その生滅さえも滅《めつ》してしまったことを楽しめば、それが証りだ」（生滅を滅《めつ》し已《おわ》って、寂滅《じゃくめつ》を楽しみと為《な》す）

この言葉を聞いた雪山《せっせん》は、〝なるほど、いままで私は、これさえ手に入れたらと、これがなければ喜べないと頑張ってきたが、すべてが滅びに向かっているのだから無を楽しみにすべきだったのか。それこそ永遠に壊《こわ》れない喜びだった〟と、深い証りをえました。煩悩のなくなった、または煩悩に左右されない智慧によって真理を楽しむという意味です。これを「法楽楽《ほうがくらく》」と呼びます。

雪山は、この真理の言葉を岩や木に書きつけました。自分はこれから死んでいかなければならないが、ここを通った者はこの真理を読んで証って欲しいと願った。そして、雪山はかたわらの木に登り、天辺《てっぺん》から岩をめがけて飛び降り自殺をしようとした。ラセツは、雪山の身が岩に砕《くだ》ける一瞬手前で、さっと手を差し延《さの》べて助けました。ラセツとは神々の帝王といわれた帝釈天《たいしゃくてん》が変身して試したのです。帝釈天が大地に手をつき平伏してお願いしました。

「あなたは本当にブッダとなられる方です。ブッダとなられたら、一番にこの私のために教えを説いてください」

神が雪山に教えを請《こ》うたと、シャカムニの最後の『涅槃経』に説かれています。

ここで、なぜ雪山は身を投げ自殺しようとしたのかという疑問が起こります。この答えは、〝あなたに殺されたら、私がいたためにあなたに人殺しの罪を被せて、あなたを地獄に堕《お》とすことになります。真理を教えていただきながらそれではすみませんから、私が死んだところを食べてください。すると、あなたは人殺しをすることもなく、地獄に堕ちることもないでしょう〟という理由なのです。

同じこのお経に、トラに自分を食べさせる王子の話が説かれます。兄弟の王子が狩りに出て、飢えて痩せ細った母親のトラと腰がフラフラしている子トラを見つけました。子トラがお乳を吸っても出ないようです。兄の王子は直ぐに弓に矢をつがえ、射殺《いころ》そうとしました。すると、弟の王子が制して〝お兄ちゃん、このトラは弱っているから、殺しても面白くないよ。僕に考えがあるから、先に帰ってください〟と兄を帰しました。王子は自分を食べさせようとするのですが、トラは弱って食べることができないのです。そこで、王子は大きな岩から飛び降り、身を砕いたのです。血を見た親トラは野生の本能を蘇らせて王子を食べ、子供を無事に育てたという話です。自分から身を砕いたのは、トラに罪を犯させないという配慮ともいわれます。この物語のレリーフが、法隆寺の本堂の中の観音菩《かんのんぼ》薩《さつ》の灯籠《とうろう》の側面に刻まれているそうです。

……私がいたために、人に罪を被せないという話が仏教には多くあります。

どうしても殺されなければいけないときは、自殺がいけないなら、相手に感謝して死ん

をするのも、相手に殺させないという配慮では日本の侍《さむらい》が切腹《せっぷく》でいきなさいと教えます。これは「涅槃」の心から生まれた行為です。日本の侍《さむらい》が切腹《せっぷく》

をするのも、相手に殺させないというこの配慮の影響ではないかと考えます。イエスは殺されました。するど、イエス殺しの罪を被った人がイスカリオテのユダであり、ユダヤ教の司祭たちです。イエスは人の罪を被るといいながら、逆に人に罪を被せているのでは、「縁起」の証りからの配慮がないということです。仏教でも自殺は罪です。ある時シャカムニが橋を渡ろうとしていたら、橋の上から飛び込もうとしている人を見つけ止めました。

「あなたは自ら死のうとしていますが、死んだ先にはどのような世界が待っているかご存じでしょうか」

「どのような先があっても、この世のいまの苦しみに比べたら楽しいぐらいです」

「いいですか、あるところに牛がいて、毎日毎日、重荷を引かされていました。この車が壊れたら楽になると思って、木に当てたり塀に当てたりしていたら、本当に壊れました。これで楽になったと思っていたら、馬車屋が今度は鉄の車を作ってきたのです。それも壊してやると、また衝突させました。ところが壊れないのです。そこで大きな岩に激突させたら、自分の骨が折れてそれでも叩《たた》かれ引かされました。牛は前の車がよかったと嘆《なげ》いたそうです。あの世とはそのような世界ですよ」

と諭《さと》したという。自殺は仏教でも殺生《せっしょう》だから罪です。感謝すれば、相手に罪を被せないという話です。奈良の吉野に念仏を喜んだ清九郎《せいくろう》（一六七六～一七五〇）という方がいました。夜中にドロボウが来て、お米を盗《ぬす》もうとした。物音に目覚めた清九郎は、ドロボウにいいました。

「夜分に、ご苦労さま」

ドロボウは驚き、短刀《ドス》を抜いて清九郎の喉元《のどもと》に突《つ》きつけました。

「なにが、ご苦労なのだ」

「こんな夜中に、わざわざ取りに来てくださって、ご苦労さんです」

「お前は変なことをいう人間じゃのう」

「いいや、世の中にはたくさんの家があるが、うちの家を選んでくださったのは、これも何かのご因縁に違いない。わしも昔はやくざな人間じゃった。この世でそのようなことをするということは、前の世でも悪いことをしていたに違いないのじゃ。きっと、あなたの家のお米を盗んでいたのじゃ。それを返しにいかにゃならんのに、わざわざあなたが取りに来てくださったに違いない。そのようなご因縁でうちを選んでくださったに違いないのじゃ」

といって、かたわらで寝ている娘の小万《こまん》を起こして、お茶を沸かさせた。そして続けていいました。

「よく聞いてくださいよ。こんな夜中にお米を担《かつ》いで帰ると、人が見たらドロボウではないかと疑うじゃろう。あなたは大切なお客さまなのに、ドロボウと疑わせてはすまないから、どうぞ今夜はお泊まりください。こんな粗末な布団しかないけれど、夜が明けてお米を持って帰っていただいたら、誰もドロボウとは思わないでしょう。どうぞ、そうしてくだされ」

といっているうちに、小万までがお茶を持ってきました。

「夜分に、ご苦労さまです」

といわれ、ドロボウはますます身の引き締まる思いになり、念仏の話を聞き改心して、最後には念仏の信者に変わったという。

私たちは夜になったら、鍵を閉めます。ドロボウに入られたら損をする、ということではケチだということです。仏教徒が鍵を閉めるのは、〝私が財産を持っているために、ドロボウという罪を被せることになるので、どうぞ入らないでください〟という理由なのです。それでも入られたら、〝ご苦労さま〟と清九郎のように感謝しなければ、相手に罪を被せてしまうのです。私が生きていたために、人に罪を被せない配慮がシャカムニの教えです。

賢慮《けんりょ》の正義

イエスがこの世に生まれてきたのは、平和な家庭に剣を投げ入れるためだといいます。子が親を、親が子を大切にするに対し、神こそ大切だと剣を使って武力で教えようというのです。これも、『聖書』の怖さを表し賢慮の教えに反しています。

仏教では「心」はブッダから、「身」は両親からいただいたことに感謝するよう教えます。善導《ぜんどう》（中国の人。六一三〜六八二）の『観無量寿経疏《かんむりょうじゅきょうしょ》』（『観経四帖疏《かんぎょうしじょうしょ》』ともいう）の「散善顕行縁《さんぜんけんぎょうえん》」に引かれた話です。ある年、飢饉《ききん》で何も食べるものがなく、シャカムニも何日も食べていなかった。見かねた弟子が法衣《ほうえ》（聖衣）を売って、食べ物を手に入れ差し上げたときのシャカムニの質問です。

「いまどき、こんなご馳走《ちそう》が手に入るはずがないでしょう。どうして手に入れることができたのでしょうか」

「法衣を売って、手に入れました」

「それならこのご馳走は、あなたのご両親が食べるべきです。持って行きなさい」

「これは法衣を売って手に入れたのですから、一番におシャカムニさまが召し上がるべきでしょう」

「心はつねに、法（ダルマ＝真理）を食とします。苦しむのは心ではなく身です。この身は誰からいただいたかを考えなさい。あなたの親が一番に食べるべきものです」

と諭《さと》され、弟子はしぶしぶ親の元に持って行き、帰ってきた弟子にシャカムニが尋《たず》ねました。

「あなたのご両親は、仏教を信じていましたか」

「いいえ、大の仏教嫌《ぎら》いでした」

「よかったですね。このたび、あなたはご両親を導くことができましたよ」

身に関しては、ブッダより親を大切にするのが仏教です。イエスは自分の母を終始、「この人」と他人のように呼びます。肉体も神から与えられ、両親からではないと思っているのでしょう。この世は、すべて結び合って生まれると考えない者は、神だけ大切にして他への配慮を失うのでしょうか。

イエスがベツレヘムに生まれたとき、彗星《すいせい》が出てこの世を幸せにする王が生まれた印だと皆が喜んだ。当時の城主ヘロデ王は、この新しい王のために自分が滅ぼされると考え、探し出して殺せと命令した。ところが、父・ヨハネは夢の告げによって察知《さっち》し、マリアと共にイエスをエジプトに逃がしたので、見つけ出せなかったヘロデ王は、二歳以下の国中の幼児をすべて殺したのです。イエスが生まれてきたために、そのようなことが起こったということは、この世を救うために生まれたという理由が破綻《はたん》しています。

シャカムニが生まれたとき、難産のために母マーヤーは七日後に死にました。その母の苦を嘆いて、「わが誕生は、母、苦難《くなん》の日なり」と母難日《ぼなんび》と教えます。お母さんに死の苦しみを与え、お父さんにも大変な心配をかけ迷惑をかけた日と教えます。このように自分の誕生を嘆いた、親孝行なシャカムニに親より神だと、平穏な家庭に剣を投げ入れ、神こそ大切だと教えるのがキリスト教です。はたしてイエスの考えは正しいのだろうか、イエスは自分の誕生で苦しめた周りの人への配慮があったのだろうかと疑問を持つ。最近の日本では、西洋式の誕生祝いが盛んとなり、近所の子まで招待しバカ騒ぎをし、母親が汗水垂らして子供たちのためにクリスマスの真似をしたケーキを用意し、ご馳走を作っているのです。自分の誕生日とは、親孝行をしなければいけない日なのです。日本人は何を学んできたのかと、これは仏教の《ひろまり》が弱いためだと考えます。

シャカムニの晩年、イエスに似て殺されそうになる事件が起こります。シャカムニの従《い》兄弟《とこ》だったダイバダッタは、色々の手段を講《こう》じシャカムニを殺そうとした。どの手段もダメになったダイバは、最後に改心したかに見せて殺そうと、自分の手の爪に毒を塗りました。インドの最敬礼は「仏足頂礼《ぶっそくちょうらい》」といって、相手の足を額にいただくのです。そのときに、足に爪を立てようと企《くわだ》てたのです。ところが、伝道の旅で歩き回ったシャカムニの足は、岩のようで逆に爪がはがれて、毒がダイバ自身に回り七転八倒《しちてんはっとう》しながら地獄に堕ちていきます。最後のダイバにシャカムニは、「南無《なも》・ブッダ」といいなさいと教えます。ダイバは最後の息を振《ふ》り絞《しぼ》って、か細い声で「南無・ブッダ」といったお陰で、後の世で天王仏となるとシャカムニは授記《じゅき》（予言）しました。自分を最後まで殺そうとしたダイバのために、見捨てずに教えを説いたのです。罰を与えるという教えとは違っているのです。

親鸞は、ダイバの事件によって『観経《かんぎょう》』というお経を説かれ、その『お経』に出会えたのはダイバのお陰《かげ》だと、だからダイバは私を導いたブッダの化身《けしん》だと感謝しました。この親鸞の感謝によって、ダイバは存在価値を得て救われたと私は考えます。

……私がいたために、人に罪を被せないという仏教こそ、賢慮《けんりょ》の宗教といえます。

奥さまがご主人さまに、〝私がこんなに気配りしているのに、どうして怒るのでしょう〟

と憤慨《ふんがい》する前に少し考えてください。〝相手に腹を立てさせたという罪を被せているのは、私がここにいるからです。申し訳ありません〟と謝り、心からそういう思いを持つことができれば、「無・空」からの智慧が身についた方です。

涅槃《ねはん》からの利他行

教皇は、「仏教はすべてにおいて消極的」と批判しました。その理由として、「この世を悪と見て」「この悪から解放される」と結論づけ、悪から逃避していると批判してきました。そして、「涅槃」は「無《む》・空《くう》」に根ざすから、この世に対して無関心となり、消極的になるという批判です。

仏教が広がった初期には、「利他行」が実働していました。たとえば、インドを統一したといわれ仏教を信じたアショーカ王（前二六八～二三二）が、シャカムニの死後二百年ごろ世界で初めてといわれる病院を立てています。しかも、動物の病院も併設《へいせつ》していました。キリスト教の病院は五世紀頃といいますから、仏教のほうが遙かに早く実行した。仏教の福祉は「福田《ふくでん》」と呼びます。苦悩者を助けると結果は私が幸せになるから、貧者や苦悩者は私を幸福にする「福の田」だという。

仏教が中国に入ってすぐに、仏図澄《ぶっとちょう》（二三二〜三四八、伝・一一七歳で死去）らは教育・医療・貧民救済のために尽くし、弟子たちにも引き継がれて長く実行されました。四七六年ころ、その教えを受けて曇曜《どんよう》が帝《みかど》に進言《しんげん》して、北魏《ほくぎ》の仏教信者の皇帝《こうてい》・孝文帝《こうぶんてい》を動かして、「僧祇戸《ぞうぎこ》」や「仏図戸《ぶっとこ》」などが作られました。飢饉《ききん》が起これば、貧民が一番に犠牲になります。飢饉に備えて貧民《ひんみん》のために蓄《たくわ》えておく制度です。また、病院に当たる悲田養病坊《ひでんようびょうぼう》が建てられたり、無尽蔵院《むじんぞういん》、無遮大会《むしゃだいえ》など仏教の慈善《じぜん》活動が活発に行われ、日本にも影響を与えました。

五三八年ごろ、日本に仏教が伝わってきて、聖徳太子《しょうとくたいし》（五七四〜六二二）は福田事業《ふくでんじぎょう》を実行し、仏教を日本の憲法の中に組み込んだのが、世界で始めての憲法といわれる「十七条憲法」です。物部《もののべ》と蘇我《そが》の戦いで、戦いを否定していたが仏教が滅ぶことになり、やむなく太子は蘇我に味方して頭に四天王をくりつけ、出兵して奇跡的に戦勝しました。戦死した人たちを強く悲しみ、以後、決して戦いに手を染めないと誓ったのです。その戦いのときの守り本尊の四天王を安置する寺を大阪に建立したのが四天王寺です。ここは太子の考え出した福祉施設でした。「四院《しいん》（または四個院という）」といって、四つの建物に分かれています。

「悲田院《ひでんいん》」は、老人ホームや孤児院に当たる施設でした。また、食べられない貧民には炊き出しをして、一食を与えるのです。そのために四天王寺の境内《けいだい》や縁の下に貧者が住みつき、いまの西成区のドヤ街が生まれたようです。そして、「施薬院《せやくいん》」は薬局です。「療《りょう》病院《びょういん》」は病院です。「敬田院《きょうでんいん》」は僧侶が住む僧院で仏教施設です。このように、仏教は社会に無関心ではなく、いま堕落しているのです。

「福田」は「涅槃」から生まれた無私の精神であって、仏教の目指す究極の到達地であり、「証り」です。この「涅槃」を教皇は批判したが、「涅槃」は無私の心を生む重要な教えです。私を無にするとは、煩悩《ぼんのう》に左右されない私という意味で、「あなたは私です」という「無私」の利他行に重要な意味を持っています。

『聖書』の怖さ

キリスト教も、「一如」の精神を求めているようです。『旧約聖書』に「あなたの隣人を、あなた自身のように愛しなさい」（レビ記、一九章一八節）という愛です。これは、「私はあなたです」の「一如」から生まれた愛といえます。ところが、神は人間を罰の名のもとに多くを殺してきました。隣人愛を実行する者が、人を殺したのでは破綻《はたん》です。「自分自身のように人を愛する」なら、いかに罰とはいえ決して殺せないはずです。神に関する批判は、〝神への冒瀆《ぼうとく》〟といって、批判させないということが仏教とはまったく違って怖いことです。

仏教はどのような小さな虫の命も、人間の命も重さは同じだと教えます。それに対し、神は神の殺戮《さつりく》に対し、何の反省もないのです。ブッダは皆、自分の教え通りに実行できなければ、ブッダの命を捨てますと誓います。

『旧約聖書』では、戦争肯定ですから、いまも殺戮を続けています。私の知る限りでは、カトリックぐらい多くの人を殺してきた宗教はなかったでしょう。私の友人も、カトリックは素晴らしい人を多く育ててきましたが、殺してきた数の方が遙かに多いといいます。周りの国に、先に戦争をしかけたのがカトリックです。イスラム教をあのように武装させ好戦的にしたのも、カトリックの十字軍の侵略が一番大きな原因だと、識者のいわれるとおりです。『旧約』を信じるイスラムの体質も同じようです。「敵に背を見せる者は、アラーの怒りにふれ、地獄に堕ちる」とか、「やつらを殺したのはお前たちではなく、アラーが殺し給《たも》うたのだ」と、自分たちに敵対する相手を殺すことは、神の意志だと鼓舞《こぶ》します。そして「アラーの道のために戦う者は、戦死であれ凱旋《がいせん》であれ、必ず大きな賞賛を授けられる」といいますから、きわめて好戦的宗教となります。動物は、同じ種属は殺し合わないといいますから、人間を動物以下にするのも『旧約』の怖さです。

『旧約』の神の最初の大量虐殺《ぎゃくさつ》は、ノアの箱船でしょう。ノアの家族とひと番《つがい》の動物以外の、この世のすべての生きものを大洪水で殺した。そして、神はこの世の邪悪なものすべてを始末したのに、また、この世が堕落し邪悪になったということは、神の智慧ではこの世は救えないということでしょう。神は、何度も失敗するということです。そのたびに多くの人が犠牲になるのです。

新旧の『聖書』に「すぎ越」が出てきます。春分直後の満月に当たる日、神を信じる者は子羊を殺しその血で玄関を塗り、その肉を夜に家族そろって食べなさいと命じました。それを実行しなかった家の、エジプト中の初子《ういご》を皆殺しにされました。いまもカトリックでは、この「すぎ越」の行事が行われているようです。

神の教えが乱れた町のソドムとゴモラに硫黄と火の雨を降らして、住民と地にはえているものすべてを滅ぼしたという。そのとき、後ろを振り向いてはいけないといったのに、ロトの妻は振り向いたために塩の柱にされた。

『士師記』（第十一章）によると、エフタが神に約束をしました。もし、戦争に勝利させてくださったら、最初に出迎えてくれた者の首を切り、火で焼いて神に捧げますと誓ったのです。そして、凱旋《がいせん》して帰ってきたとき一番に出迎えてくれたのが、最愛の娘だった。エタフは泣く泣く実行した。神が止めなかったということは、いかに血に飢えていたか、神は悪魔となんら変わらないという話でしょう。ブッダなら、初めから絶対に拒絶されます。

そして、キリスト教にはこの世の最後に終末の裁判があって、神を信じなかった者への皆殺しであるハルマゲドンが待っています。神の「愛」には限界があることになり、最後に抹殺されます。そのくせ、人間に対して「殺すことなかれ」（モーゼの十戒）といい、『新約』では「汝の敵を愛せよ」といいます。つまり、神はブッダの実行したことが実行できず、人間にはブッダが実行したと同じことを要求しているのです。

『新約聖書』は『旧約』ほどではないにしても、殺しの記述が二、三出てきます。ペテロが人殺しに荷担《かたん》したという記述があります。『師徒行伝《しとぎょうでん》』によりますと、イエスの死後はペテロが中心となり、三千人ほどの信者が共同生活をしていたようです。自分の家を売ってお金に換え、持ち物などすべてを共有しなければいけなかったようです。ところが、アナニヤとその妻サッピラは共に資産を売ったが、共謀《きょうぼう》してその代金をごまかし一部だけをもってきて使徒たちの足もとに置いた。ペテロが「なぜ神を欺いたのか」といわれ、アナニヤはその場で倒れて死にました。若者が死体に布を巻き葬りました。それとも知らず帰ってきた妻に、ペテロはまた聞き正しましたが、あくまでウソをついた妻に「お前も運びだされるであろう」(使徒行伝五の一)といわれた途端《とたん》に倒れ、葬られたとあります。

弟子・イスカリオテのユダは三十枚の銀貨に目がくらみ、イエスの隠れ家の情報を売り渡しイエスが死刑になります。『マタイ伝』では、ユダはすぐに後悔して銀貨を宮殿に投げ入れたというから、きっと自分の罪を神に懺悔《ざんげ》したでしょう。そして、イエスが死ぬ前に首を吊《つ》ったのですから、ユダには罪の意識があったといえます。一方、『使徒行伝』ではそのお金で土地を買い、その土地に真っ逆さまに落ち込んで「はらが真ん中から二つに引き裂《さ》け、はらわたはみな流れ出た」(『使途行伝』一の一八)という死に方です。神に背いたものへの見せしめですから、ありったけの残酷な殺し方です。このように『聖書』の記述に違いがあり、どちらが真実かは分かりません。『聖書』には「悔い改めよ、されば救われる」といいますが、ユダは赦《ゆる》されなかったのです。バルトによると、ユダは特別に厳しい第二の地獄に墜《お》ちたという。これは神の裁きの放棄です。ハルマゲドンという最後の審判を待たず、神の救済への放棄で神を信じなかった者を殺してしまうのです。神の愛といえども裏切られたら憎悪《ぞうお》へと豹変《ひょうへん》する、親鸞のいう「愛憎違順《あいぞういじゅん》」（自分に順《したが》う者には愛を感じ、違《たが》える者には憎《にく》しみを持つ）という煩悩から生まれた「愛」です。

深い信心に入った信者は、その宗教の最高の方に似てきます。オウム真理教（いまはアレフ）を深く信じたら、教祖麻原彰晃に似てくるのです。似てこなければ、信じていないか間違った教えを教え込まれたのどちらかです。『聖書』に忠実になればなるほど、平和を乱しかねないのです。『新約聖書』に「のろいの木」という恐ろしい話があり、私がキリスト教についていけない部分です。

翌日、彼らはベタニヤから出かけてきたとき、イエスは空腹をおぼえられた。そして、葉の茂ったイチジクの木を遠くからごらんになって、その木に何かありはしないかと近寄られたが、葉のほかは何も見当たらなかった。イチジクの季節ではなかったからである。そこで、イエスはその木に向かって、「いまから後いつまでも、おまえの実を食べる者はいないように」といわれた。弟子たちもこれを聞いていた。……朝はやく道をとおっていると、彼らは先のイチジクが根元から枯れているのを見た。そこで、ペテロは思い出してイエスに言った、「先生、ごらんなさい。あなたがのろわれたイチジクが枯れています」。イエスは答えて言われた、「神を信じなさい。よく聞いておくがよい。だれでもこの山に、動き出して、海の中に入れと言い、その言ったことが必ずなると、心に疑わないで信じるなら、そのとおりになるであろう。そこであなたがたに言うが、なんでも祈りもとめることは、すでにかなえられたと信じなさい」。（マルコ一一の一二、マタイ二一の一八）

季節はずれに実がないのは、神の意志によったはずです。神の造られたイチジクを、イエスが呪いをかけて枯らしたということは、神の意志に背いたのはイエスです。するとイエスのほうが、のろわれ殺されるべきであったのです。にもかかわらず、神はイチジクのほうを枯らし、イエスの身勝手に味方しました。

……自分の思いどおりにならなかったら、「のろう」という怖さをクリスチャンは内在することになるから恐ろしい宗教といえます。

これは、季節はずれにイチジクを求めた、イエス自身が〝悪かった〟という「罪悪感」を持つべきでした。ところが逆に、その直後に『聖書』には「神を信じたら、山さえ海に移《うつ》る」という話が説かれます。『聖書』に忠実になればなるほど、悪魔に似てくるでしょう。

キリスト教では、神の意志に背く者が、悪魔のはずです。イエスが救世主《メシア》なら、遠くにあっても見えなかったとか、季節を考えただけで果実はないとわからなかったというのは、凡人より劣っていたのです。神は何も食べず、何者も料理せずに生きているはずです。イエスは神の一人子ですから、当然、神と同じことができたはずで、イエスも弱肉強食でなければ生きていけないのなら、原罪の罪だけでなくいまも罪を犯してでなければ生きていけない、メシア失格ではないでしょうか。

いかに空腹だったとはいえ、罪のない木を呪って枯らすというのは力の乱用です。シャカムニも飢饉で非常に空腹だったが、弟子の施しを断って弟子の親に先に与えさせたことは賢慮であり大人です。

イチジクで思い出すのが、アダムとイブが禁断の実を食べ、裸だったことを恥じてイチジクの葉で前を隠したということです。イエスも服を着ているのなら禁断の実を食べたということになり、イエスにも原罪があることになる。メシアとはその程度の者かと疑いたい。

その問題に連なっていることが、『聖書』には縷々《るる》見えます。パウロがエルマ（魔術師）の光を奪《うば》った話です。伝道の邪魔をしたという理由で、エルマを盲目にしたのです。パウロがエルマにいいました。

「ああ、あらゆる偽りと邪悪とでかたまっている、悪魔の子よ、すべて正しいものの敵よ。主のまっすぐな道を曲げることを止《や》めないのか。見よ、主のみ手がおまえの上に及んでいる。おまえは盲《めしい》になって当分、日の光が見えなくなるのだ」といえば、たちまち盲人となった。（使徒行伝一三の一〇）

以前、パウロがユダヤ教徒だったころ、クリスチャンを一掃しようと町に向かっていて、神によって盲目にされ回心した経験を持っています。だから、パウロも自分が神からされたと同じように、エルマを盲目にしたと考えます。つまり、深い信仰者は神からの教えよりも、神が実行したことを真似るのです。自分の教えに合わないからといって、相手を「悪魔の子」というイエスからは、当然、真理を追究する仏教徒は悪魔の子とされます。このような考えこそ、平和を壊す怖さです。神から「殺すことなかれ」と教えられたが、ペテロはアナニヤ夫妻を殺したのです。そして、「殺すことなかれ」「人を赦《ゆる》し、裁いてはならない」と教えるのに、パウロもペテロもこの教えに反して裁《さば》いたのは神を真似たのです。

『聖書』に忠実な、このような人が指導者となっているのです。

人間の長い人生には色々のことが起こります。私も目が見えなくなったことがあります。朝、新聞を読んでいて気づいたのですが、下半分が見えなくなっていたのです。どうしても下半分が見えないのです。隣が眼科の病院でしたから、診察してもらおうと順番を待っているうちに全快に向かいました。そのことをある信者の婦人に話したら、その人は全体がうっすらとしか見えなくなり、日に日に進行してほとんど見えなくなったという。いつも歩いている道でなければ、不安で歩けなかったそうです。一週間ほどで、薬が効いたのか自然に治ったのかはわからないが、全快したそうです。その間、非常に不安だったという。このようなことが起こっても神からの罰だといえば、本当の原因は別のところにあるとなれば、キリスト教は真理に背き間違った見解でもって人を陥《おとしい》れる魔教《まきょう》となります。

このような生臭い神の前で、日本ではいま若者が結婚式を好んで挙げています。罪もない、エジプト中の初子を殺した神だということを知っているのでしょうか。何度も何度も罰の名のもとに人を殺すということは、何度やっても神の救いは成功しないということでしょう。

世界中の宗教の堕落

中世になって世界中で群雄割拠《ぐんゆうかっきょ》が起こり、宗教は堕落します。すると、宗教の積極性が戦争に利用されます。日本では鎌倉時代に仏教が復活し、浄化しました。ところが、室町時代に群雄割拠が起こり、勝ち抜いたトップが出てきます。日本では信長、秀吉、家康となり、家康が天下をとると誰も刃向かう者がいなくなるのです。すると、戦争は終わりますが、民衆にとっては過酷な時代を迎えます。高い年貢によって、生きることにきゅうきゅうとなって、困っている人など助けてあげる余裕などなくなるのです。

すると、現世の幸せが絶望的になり、死後の世界に幸せを求め、極楽や天国を説く宗教が力を持ってきます。これは、世界中の宗教が同じようで、キリスト教でも闇黒の中世といわれます。キリスト教が綺麗《きれい》な宗教に復活したのは、人間回復のルネッサンスや科学の発達や、とくにフランス革命だと考えます。科学の発達によって、神の創造説が危うくなります。そして、フランス革命で人間は自由、平等、博愛に生きるのが、人間らしい生き方となる。ところが民衆は、まったく人間らしい生活が望めないのです。権力者の略奪《りゃくだつ》のためと訴え、革命精神を煽《あお》り民衆全体が苦しみで連なった。この革命がヨーロッパ中に波及して、キリスト教は隣人愛に目覚めたと想像します。「神は死んだ」と、牧師の子の教育者ニーチェが叫び、神の影響力の弱体を批判した。そこで、本当の神は「愛の神」だと転換したと想像します。博愛は人類共通の理想ですから、愛の神が求められと同時に創造の神までが認められたと考えます。その後に、聖者を多く輩出《はいしゅつ》したと考えます。

日本にも科学が入ってきました。ところが、すでに仏教の「因果の道理」という科学的教えがありましたから、このままでよかったのだと堕落した仏教をズルズルと現代にまで引きずり込んだのです。日本の革命といっても明治維新でしたが、西洋文化を早く取り入れるために多額の資金が必要となり、江戸時代よりも高い税金が取られ、民衆はますます逼迫《ひっぱく》しました。そして、軍部は国内改革よりも外敵を叫び、富国強兵《ふこくきょうへい》を目指して戦争に向かった。そのために、仏教は浄化することができませんでした。特に真宗は、旧態依《きゅうたいい》然《ぜん》の教えを金科玉条《きんかぎょくじょう》として、利他行を生む還相《げんそう》の抜けた現実逃避の教えを保守した。教皇は、この仏教を「すべてにおいて消極的」と批判しました。これは民衆全体が困窮した、幕藩体制《ばくはんたいせい》に歪められた仏教への批判とするなら正しいのです。

宗教が積極的になるには、民衆の強い願望に応えることです。死後の幸せを求めるようでは元気にはなりません。人間は本当に困った時には、善悪の詮索《せんさく》より強い者に従っていくことが得策と考えるようです。いまの北朝鮮もそのようになっているようで、なかなか改革はできません。

私は友人と十五年ほど前から、障害者の作業所を立ち上げました。その作業所の会員で、常に人に突っかかって激しい口調になる人がいました。いつも、無理強《じ》いを押しとおすのです。他の障害者までがその人に同調して、職員のいうことを聞かないのでホトホト困ったことがありました。すると、役員の中にケースワーカーの安田さんという方がいて、〝弱者はそのグループの、一番力を持っていそうな人に同調するものですよ〟と教えられました。〝なるほど〟と、職員一同も納得したものです。

深い苦しみを持った人が求める宗教も、一番、力を持っていそうな神・仏に助けを乞うでしょうから、一神教が有利です。ところが、人間の悩みはほとんど時間が解決するもので、過ぎ去るとどうにかなっているものです。だが、宗教にすがった者は、その宗教が救ってくれたと信じます。一度《ひとたび》、病気でも治《なお》ったことなら狂信的《きょうしんてき》に喜び、自分の信じた宗教の欠陥が見えなくなる。すると、神への詮索《せんさく》を冒瀆《ぼうとく》と批判して、妄信的信仰が讃美されます。これも宗教の堕落なのですが、当の本人は気づけないのです。

……さて、熱心に感謝すると、神・仏に似るという《ふかまり》が起こります。

いま、キリスト教はこのバランスがいいのです。ところが、熱心すぎると宗教エゴをとおそうとして、他の宗教と衝突が起こります。とくに一神教では、他の神を認めませんから、熾烈な衝突を起こします。それがヨーロッパの宗教戦争だったでしょう。これが一神教の大きな欠点です。

それに対して、……仏教は「因縁《いんねん》」を真理と教えますから、結び合いが違ったら皆、考えが違うのが当たり前です。意見の違いを武力で解決することを、強度に嫌う仏教では戦争が起こりにくいのです。それに呼応してか、いまの真宗も入門から、悪人の自覚や「おまかせ」を要求しています。これは禅《ぜん》と同じ自体満足を入門で要求し、「祈り」や「願望」を禁止する教えでした。そのために入門から、教皇の指摘する「あきらめ」が先行します。親鸞のいう「おまかせ」は、信心がブッダになったという深信の後です。それを入門から要求したのは、禅の影響だと私は考えます。

仏教では、煩悩の代表が「我執《がしゅう》（エゴ）」ですから、「無我」が大切な教えとなっています。積極的になれば我執の解決のない人は、オレの考えが一番大事だと考え、エゴの心が強く起こります。そのことで思い出すのは、岡亮二《おかりょうじ》龍谷大学教授が「平和に〝この〟をつけると戦争になる」といわれたことです。皆、平和を望んでいるのですが、アメリカが〝この平和〟と叫ぶと戦争になります。イスラムが〝この平和〟と叫ぶと戦争です。〝この神〟

といえば、宗教戦争になるのです。叫ぶ前に、エゴの解決が大切なのですが、「無」を嫌った教皇の信じた一神教からは戦争が生まれやすいと考えます。過去のヨーロッパの歴史がそれを物語っています。

第二章　人類を救う宗教とは――戦争回避をめざす

一　なぜ宗教が生まれたか――タマシイの安定を求めて

宗教の起源

一八七一年、イギリスの人類学者エドワード・B・タイラーが、『原始文化』という二冊本を出版した。彼は世界一周の旅行から帰り、世界中の人々が不思議なことに、一つだけ同じことを信じていたという。あらゆる物にタマシイがあり、命があり、心があって、そのタマシイが抜けて飛び回ると信じていた。つまり、私たちの頭の上を、チミモウリョウ（幽霊《ゆうれい》や精霊《せいれい》）が飛び交っているというのが世界共通の考えです。これを「アニミズム」と名づけ、宗教はこのアニミズムから派生《はせい》し発展してきたといった。

イギリスはキリスト教の国でしたから逆鱗《げきりん》に触れた。〝キリスト教は人間が作ったということになるではないか、そうじゃなくて神の教えなんだ〟と、またタマシイが抜けているとき本人を司《つかさど》るタマシイはどうなっているのかなどと批判された。ところが、やがて誰もが世界中へ行くことができるようになると、タイラーが正しかったとなり、宗教学ではいま常識となった。そして、あらゆる分野でアニミズムが語られるようになってきました。

日本においても、古代から近代まで「タマシイ」が身体から抜けて、飛び回っているという考えが常識でした。

・思ひつつ寝ればや人の見えつらん　夢と知りせば覚めざらましを（『百人一首』小野小町作）

・いとせめて恋しき時はぬばたまの　夜の衣をかえしてぞきる（同）

・ものおもへば沢の蛍《ほたる》もわが身より　あくがれいづるたまかとぞ見る（和泉式部作）

・思い立つ心やゆきて三吉野の　花の梢《こずえ》でわれを待つらん（よみ人知らず）

・恋わびて夜な夜な惑うわが魂《たま》は　なかなか身にも還《かえ》らざりけり（よみ人知らず）

最初の二句は、百人一首で有名な小野小町《おののこまち》（平安前期）の歌です。好きな方のことを思いつつ寝ているから、夢に出てきたのです。夢と知っていたら醒めないほうがよかったのに残念なことをしたという歌です。万葉人は好きな方の夢を見たら、その人のタマシイが私の夢に入ってきてくれたと考えたのです。その証拠が第二句目です。好きで好きでたまらない方のことを想って寝るときには、「ぬばたま」は衣の飾り言葉で「夜の衣（寝間着《ねまき》）」を裏返しに着たと歌います。裏が表になり表が裏になって、今度は反対に私のタマシイが抜けて相手の夢の中に入って行けるからというロマンを信じていたのです。

第三句目は、恋の歌を歌わせたら天下一品ともてはやされた恋歌の名手、和泉式部《いずみしきぶ》（平安中期）の歌です。京都鞍馬山《くらまやま》の麓《ふもと》の貴船《きぶね》の沢に立って、恋しい人のことを思い浮かべていたときの歌です。蛍の飛ぶさまが、私のタマシイがあこがれて飛んでいくように見えると歌った。

第四句目は、吉野の桜を見に行こうと思い立った途端《とたん》に、心が先に吉野の桜の枝にとまって、私を待っているという歌です。

最後の句は、恋をして一人で寝るのが侘《わび》しくて、夜な夜な好きな人のところにタマシイが飛んでいって、なかなか身に還《かえ》ってこなくて眠れないという歌です。この歌は小町を真似たものでしょう。タマシイが抜けて飛び回るという発想が、世界共通だったのです。この発想が宗教を生んだという。ところがここで問題は、宗教はアニミズムから派生したとなれば、何でもありということになる。この世には誰もが納得した真理があり、たとえば生きている者は必ず死にます。たとえば、原因あるものには、必ず結果が生まれるという因果の真理などです。この真理を無視して何でもありといえば、トラブルメーカーとなって衝突するのです。だから、真理を無視するようなアニミズムの悪用は否定されるべきと考えます。

地獄への質問

私がキリスト教と仏教の選択で揺らいでいた大学時代に、同志社大学の土居真俊教授に質問をしました。キリスト教にも地獄が説かれております。

「神さまは、真・善・美の清い方といいます。地獄は汚く濁った、苦しみに満ちた世といいます。神さまが地獄を造ったのなら、神さまにも汚く濁った、苦に満ちたものがあるのでしょう。本当にきれいな方なら、地獄は造れないでしょう」

「不可能なことができるのが、神の奇跡《きせき》です。人間の知恵では考えられないことが、起こることを奇跡といいます」

この答えを聞いた私は、キリスト教は詭弁《きべん》だと考え、仏教に自信を持ちました。仏教では、〝地獄はありません、だから造らないように〟と教えます。『往生要集《おうじょうようしゅう》』（日本の源信著）に、地獄は私たちが造ったと説いています。地獄の鬼《おに》（獄卒《ごくそつ》）に虐《いじ》められた亡者《もうじゃ》が、足に縋《すが》りついて嘆願《たんがん》しました。

「私はあなたに何も悪いことをしていないのに、なぜ、あなたは私をこんなに虐《いじ》めるのですか。どうか見逃してください」

「お前はいまさら、なんて泣きごとをいうか。この地獄はお前が造ったのだぞ。このオレさえ、お前が生んだのだぞ。ここはお前にとって、一番ふさわしい所なんだ」

といって、鬼の金棒でめった打ちに殴《なぐ》られる場面があります。

地獄は私が生きていたときに、私が造ったというのです。これを、刑務所に譬《たと》えるとよく分かる。刑務所は誰が造ったのでしょうか。〝大工さん〟というかも。大工さんが造ったのは家です。その家が刑務所になったのは、泥棒がいたからです。警察も泥棒が生んだのです。泥棒がいなければ、警察は生まれなかったのです。仏教は自業自得ですから、自分が作った罪で自分が苦しんでいくと教えるのです。

アミダ仏も真・善・美の方ですから、地獄など造れないのです。ここが、ブッダと神の大きな違いです。つまり、宗教は心の投影《とうえい》から生まれたのですから、何でもありの神の奇跡がそれを物語っています。サルが宗教を作れば、万物の霊長はサルだといわれるでしょう。ヨーロッパではこの人間の投影が、幾《いく》百万の人間を殺す宗教戦争をしてきました。いまも、宗教の名のもとで殺し合いをしています。しかし、仏教は違っています。何でもありではダメだと、世の中の真理を軽視するようではダメと教えたのです。何でもありなら、戦争を絶対否定へと修正できない宗教は、邪悪な宗教だと主張したい。

アニミズムと宗教

ところが、仏教はアニミズムとは少々違っています。シャカムニは「法（真理）」のみを重視したから、アニミズムは否定されます。この世はすべて移り変わる「無常《むじょう》」とか、この世はすべて結び合って起こる「縁起《えんぎ》」だという。だから、私を支配する主体はないと、「諸法無我（諸々の物に我がない）」であって、我（アートマン）はないと教えました。このシャカムニの教えを発展させて、大乗仏教が生まれました。「無」は〝ある・ない〟にとらわれないという、「執着《しゅうちゃく》を破る」という意味を強めたのです。

この心境が「証り」であり、どのような者もブッダになることを目指さなければ、人間に生まれてきた意味がないと教えたのです。ブッダになるとは、迷っている人のために尽くして、目覚めさせる方です。「証り」の実践とは、利他行（隣人愛）することで、中国、日本に入ってきた仏教は大乗ですから、利他行がなければ間違った仏教と考えます。

二世紀頃、大乗仏教を完成させた龍樹《りゅうじゅ》（一五〇～二五〇頃）は利他行を積み上げれば、私たちも必ずブッダになると教えました。そして、すべての存在は「空《くう》」だと説き、タマシイはないというシャカムニを発展させて、〝ある・ない〟という偏《かたよ》りの心を否定しました。つまり、シャカムニの死後にも、シャカムニは生き続けていると考えたのです。シャカムニが「われを見るもの法（真理）を見る。法を見るものわれを見る」という教えを発展させ、法と一体のブッダを見出したのです。龍樹は日本の仏教のすべての祖師となっていますから、利他行が重要な理念となっていなければいけないのですが、いまは認識されているようには思えません。

大乗仏教はアニミズムを作り出す才能を利用して、人間をブッダにまで高めようとしたと私は考えます。そのために、アニミズムを抱き込み民衆と接点を持ちました。そして、ブッダと「縁」を持ち、この世だけでなく死後においていつかは民衆もブッダになれると教えます。できるだけ多くの人を運び、民衆をして利他行させ、シャカムニと同じ最高の喜びを味うように勧めた。アニミズムを抱き込んだが、最後にはブッダの証《さと》りを開くのですから、最終的にはアニミズムからも解放される「方便《ほうべん》」という考えを取り込んだのです。

密教はこの考えをもっと発展させ、神々を抱き込みすぎて死刑や戦争までを認める仏教となったと私は考えます。

大乗仏教はチベット、中国、日本に入ってきました。大乗仏教では、死後に何がブッダになるのかという問題が起こって、「プドガラ（補特伽羅《ふとがら》＝プルシャ）」を抱き込みました。いまやっている行為（業）によって、変化するタマシイが仏教のタマシイであって、昔から「業《ごう》ダマシイ」といわれてきました。

浄土系はアニミズムを取り込み、発展した仏教です。一説では、アミダ仏はミトラ教のミトラ神（太陽神）を取り込んだといわれます。古代宗教で、西アジアからヨーロッパにかけて分布していた宗教です。光り輝くアミダ仏となり、太陽が沈む西にユートピアがあるという考えを取り込んだという。

ミトラ神ではなくても、アミダ仏の前身である法蔵《ほうぞう》ボサツが極楽浄土《ごくらくじょうど》を建立したという説明を読むと、アニミズムを抱き込んでいるとすぐに推察できます。つまり、タイラー氏の説を、大なり小なり受け継《つ》いでいると理解できます。だから、どのような宗教も世界平和のために貢献《こうけん》できる宗教へと、変身が可能だと私は考えます。宗教にも殺人率優劣論を持ち込み、殺人罪が多い宗教を邪悪で低級な宗教と考えていいと思います。そのような宗教は、至急に変身することを勧めます。
……それが私の考える、非戦の親鸞《しんらん》の「げんり」運動です。

私は親鸞の教えを忠実に読もうと、文面通りに読んでいるうちに時代考証《こうしょう》からアニミズムに到達《とうたつ》しました。親鸞は「鬼神」とか「冥衆《みょうしゅ》」を説かれます。これらはアニミズムのチミモウリョウです。特に注目するのは、「識颺《しきあが》り、神《じん》飛ぶ（タマシイが揚がり、タマシイが飛ぶ）」（『行巻』、本派一六四頁、大派一七三頁）という文です。親鸞は「識」の字の横に、小さな字で「タマシイ」と左訓《さくん》しています。法然《ほうねん》（一一三三～一二一二）の『選択集《せんじゃくしゅう》』に同じ文があり「神」のほうに「タマシイ」といい、親鸞が八十四歳のときに編集した『西方《さいほう》指南抄《しなんしょう》』では「神」のほうに「タマシイ」と書いています。「識」も「神」もタマシイの意味で、肉体から抜けて飛び回るというタイラー説に合致して世界共通だといいますから、念仏は世界中に広まるという親鸞は正しかったのです。

この文の前後の内容は、「念仏はなぜ観念の念仏ではなく、声に出さなければいけないのでしょうか」という質問に答えて、「私たちは愚かで、タマシイが抜けてどこに飛んで行くかわからないから、声に出しなさい」という答えです。浄土教の祖師たちもタイラー説どおり、生きているいまタマシイが抜けて飛び回るというアニミズムを信じていたのです。つまり、生きているいま、タマシイが浄土に行くと理解できます。

親鸞は同じ『行巻』の中で、「識颺《しきあが》り」の文の少し後に「両重因縁《りょうじゅういんねん》」が説かれ、「信心の業識《ごっしき》にあらずば光明土に到ることなし」と「識」の字が使われます。すると、信心の「業ダマシイ」が浄土に到ると教えたことになります。親鸞は「即得往生《そくとくおうじょう》（即、往生を得る）」（『大経』第十八願成就文）を何度も説かれますから、本願を信じた人が生まれたいと願った途端に往生しているという。この『大経』には「魂《こん》・神《じん》・精《しょう》・識《しき》」（すべてタマシイの意味）が死後の世界に行くとも教えますから、アニミズムが間違いなく取り込まれています。これは《ふかまり》教学において、重要な意味を持っていますから銘記しておいてください。

無から作り出す才能

タイラー説によると、私たちの頭上には幽霊《ゆうれい》がいっぱい飛び回っていることになります。それが世界の常識です。子供の時にはそう感じて、一人で夜の便所に行くのは怖かったです。現代人は幽霊なんて、おかしいという人が多くいます。しかし、宗教側からいえば、宗教とは永遠なるものを求めてきたのです。幽霊を否定するのは科学的、唯物論的であっても、人間の永遠の本質に触れた答えではないのです。たとえば、読者は夜中の大きな墓場を、一人で平気で歩けますか。多分嫌《いや》で、覚悟がいるでしょう。

……これは、本音のところで、幽霊を信じているからでしょう。

では、イヌやネコを連れて夜中の墓場を散歩したら、イヌやネコが嫌がるでしょうか。多分、クンクンと臭いをかぎながら、平気でドンドン奥に入って行くでしょう。油断をすれば、お墓に小便でもかけようとするかも知れません。

……つまり、イヌやネコはまったく幽霊を信じていないのです。

夜でも見える鋭い視力、聴覚《ちょうかく》、嗅覚《きゅうかく》を持っていますから、何かがいたら人間より早く察知《さっち》するはずです。すると、何もいないのが正しいのでしょう。だが、ここに動物と人間の違いがあります。人間は何もないところから、作り出す才能を持っています。動物は、ないものはない、あるものはあるだけです。つまり、夜中の墓場を平気で歩けるようになれば、イヌやネコに近くなった人と考えてください。この発想が、宗教を作り出したと考えればいいのです。だから、宗教が信じられないという人は、動物に近いといえそうです。

この話になると、私にはすぐに思い出す話があります。あるとき、友達と怖《こわ》い話をしていて、ある者が〝大雨の夜中《よなか》に車で走るときは、バックミラーを見ないほうがいい〟といい出した。彼が大雨の夜中に運転をしていて、何も考えないでバックミラーを覗《のぞ》いたら、後の座席に髪を乱した痩《や》せた女性がうつむきかげんに、ニヤーッと笑って座っていたという。あとは怖くて怖くて、どうやって家にたどり着いたかわからなかったそうです。もし、あれが山道だったら、断崖《だんがい》から落ちて死んでいただろうという。それから私も、大雨の夜中の運転は少し気味が悪くなったのです。

動物学者がいいます。動物は未来があるなど分からない。未来とは、目の前にないからです。ところが、チンパンジーだけは他の動物と少し違うようで、実験の結果、二時間ぐらいの未来がわかっているらしいという。ノミは二秒ほど先だそうです。

主婦ですと、朝の十時ごろになると〝そろそろ、昼ご飯だな〟と考えるでしょう。これぐらいならチンパンジーでも考えているのです。何か食べるものがないかなと、キョロキョロし出すということです。主婦は〝今日は忙しいから、おウドンで軽くすませるか〟と、スーパーに行きます。すると、昨日まで高かった牛肉の半額セールを見つけ、〝今夜はすき焼きにしょう〟と、食材を買って帰ります。こんなことは、どんな優秀なチンパンジーでもできないのです。午前中に、夕食のことを考えるのは人間だけです。まして、動物は明日があるなんて、考えられないのです。その証拠が、冷蔵庫です。利口なペットがいて、食べ残した物を、冷蔵庫に入れるのを見たことがありますか。人間は幼児でも明日もあさってもあると考えるから、冷蔵庫に入れます。でも、明日なんてまだないのです。作り出しているだけです。でも、明日は本当にくるのです。

その動物学者がいうには、動物は自分が死ぬなんて考えられない。ところが、人間は皆、死ぬことを知っている。すると、不安定になり極楽や天国を作り出して、安定を与えようとする、それが宗教だという。だから、動物には宗教は必要ないと聞いて、私はなるほどとうなずきました。つまり、宗教とは人間の不安定な心に、安定を与えるためにあるのです。だから、多くの信者を獲得し熱心にさせる宗教とは、うまく安定させる宗教だということになります。

六本木ヒルズ族と宗教

女性は男性に比べ服装にうるさいようで、服装の雑誌のほとんどが女性向きです。では、女性に聞きますが、来年流行《はや》る服の色や形が分かりますか。それがわかれば、いまごろそんな所にはいないでしょう。六本木ヒルズに住んでいるでしょう。世の中にはそれがわかる人がいます。〝こんな色で、こういう形だろう〟ということで、今年からたくさん作るのです。そして、ベラボウなお金持ちになった連中が六本木ヒルズ族です。

一番有名なのが堀エモン、楽天の三木谷社長や株の村上ファンドの社長などです。あのような人たちは、未来が見えた人たちです。パソコンに触って、〝これはすごい。将来、このようになるだろう〟〝このようにすれば面白いだろう〟と考え、ないお金をはたいて早くから準備しました。堀エモンなんて資本金一千万円から、五、六年間であんな大金持ちになった。ところが、その堀エモンも捕まるということが見えなかったので、私らとそう大差はないようですから悲観はしなくていいのです。

彼らが資金に困っているとき、日本で一番のお金持ち、いや世界一ともいわれてきたのは西武グループの堤《つつみ》社長でした。ところがいま、刑務所暮らしから出てきたところです。哀れなものです。国土開発や西武グループには優秀な人材が多くいたはずですから、IT関連の会社など簡単に立ち上げられたはずです。そうしたら、いまごろはソフトバンクや楽天ぐらいにはなっていたでしょう。堤社長には、コンピューター・ネットワーク社会の未来が見えなかったのです。優秀なブレーンが進言したと思いますが、たぶん、聞き入れなかったのでしょう。

皆さんの家にも、パソコンがあり、インターネットとつながっているでしょう。小学校で習いますから、ほとんどの家にあるはずです。ではなぜ、私たちはお金持ちになれないのでしょうか。未来が見えないからです。未来は、目にも見えないし形もない。つまり、幽霊が恐ろしい怖いと思う才能と、宗教を作り出した才能と、最先端の六本木ヒルズ族の才能とは同じなのです。

……人間のすべての文明が、何もないところに何かがあると考える才能から生まれました。

車など、昔はなかったのです。ハイテク、文学、芸術、経済、政治などなど、もともとなかったものから作り出したものばかりです。そして、いま眼の前に存在しています。動物の文化は発展せず、昔から裸でいまも裸でまったく変わらないのは、その才能がないからです。

しかし、人間には想像力があるために、騙《だま》されたりストレスをためてガンになったり、腹を立てて寝れなかったりします。動物には、そのようなことは一切ないので呑気《のんき》です。たとえば、いま日本人の死亡率の一番がガンです。ところが、本当にガンで死んでいるのは二十五パーセントぐらいで、あとはガンノイローゼで死んでいるそうです。人間は自分で不安定なものを作り出し、ストレスをためて先に苦しむのです。

昼間に会った嫌な人からいわれたことを思い出したら、眠《ねむ》れないことがあります。あんなことといわれて、〝クソー、くやしーぃ、覚えてろ。今度会ったら、何といってやろうかな。こんな風にいったら、どういってくるかな〟と、〝眠れない、眠れない〟と苦しんでいても、相手は知らん顔して寝ているのです。こちらが勝手に相手を思い浮かべ、寝むれなくて明くる日まで疲れを持ち込んでいるのです。

人間は何もないところに何かがあると信じ、つねに安定できる物を作り出してきたのです。そして、極楽や天国には、善いことをしなければ生まれられませんよ、悪いことをすれば想像を絶する苦しい地獄が待っていると教え、少しでも立派な人間に導こうとしたのが宗教でした。つまり、宗教は人間の特性が作り出したのだから、これも真理と認識できると同じぐらいの力があるのです。天才によって作り出し発展させてきた宗教と、悪い教祖がそれを利用してお金にしようと考える宗教があるのです。

シャカムニは「迷える者の夜は長く、証《さと》れる者の夜は短い」といい、二千五百年前に八十歳という驚愕《きょうがく》の長寿です。迷いの者は「妄想転倒《もうそうてんどう》」といい、ありもしない物を作り出し目の前にいるように苦しんでいます。宗教はこの不安定な人間の心を、安定させるために存在価値があると考えればいいのです。「証《さと》り」を開くと最高に安定するので、免疫《めんえき》力《りょく》が高まって長生きするのです。

プレッシャーというのも同じでしょう。かれこれ二十年近く前でしょうか、夏の高校野球で宗教を信じたことが、プレッシャーの重圧から救われ優勝したという試合を見たことがあります。高知商業と大阪のＰＬ学園の優勝戦でした。当然、私は四国の人間ですから、高知を応援していました。大方の新聞予想も高知が有利でした。試合が始まり予想どおり、前半戦は完全に高知が楽勝でした。ところが、終盤に入って、おかしくなってきたのです。ＰＬのピッチャーは、一球一球、投げる前に胸のお守りらしいものにボールを当て、祈るような仕草《しぐさ》をしてから投げてきます。打つときも全員が、必ず胸に潜ませたお守りを握って、祈ってからマウンドに立つのです。そのたびに地の利を得た応援団が大声援を送ると、高知商業の選手が段々プレッシャーに負けて、コントロールが乱れ打たれ出したのです。攻めもヒットが出なくなって、雲行きが怪しくなった。終わってみると、逆転負け。あの試合は、宗教を信じた者が極限状態でも、安定していたことを証明した試合でした。宗教を信じたほうが、成功率が高くなるのです。

ところがいま、親鸞の宗教では入門から〝願ってはいけない、祈ってはいけない〟と、宗教では珍しいことをいっています。このために、人間側の要求に応えられず、存在価値を失って極度に衰微しています。これは、『行巻』の初めの「破闇満願《はあんまんがん》」や『現世利益和讃』

を説いた親鸞を文面どおりに読まず、ことごとく曲解したと考えます。親鸞の教えは元来、常識で理解できる優れた教えだったと、私の本や論文（東方学院発行、『東方』第6・20・21・22・23・24号）に著述しましたから参照ください。

大乗仏教の発想

シャカムニは真理でもって安定を生むのが、最高だと考えた智慧の宗教です。そのシャカムニの教えを大切にしながらも、《ひろまり》と《ふかまり》へと変身したのが大乗仏教だと考えます。ところで、宗教の体質的な問題として、他宗への対応に三つの形態を考えます。

一、自分が相手より力をつけ、押さえ込む方法。

二、権力者の養護を受けて、広めようという方法。

三、相手の宗教を誉《ほ》め、こちらに気を向けて聞いていただいて広める方法。

世界の歴史から見て、一神教は一と二の体質で多神教は二と三の体質でしょう。一は自分自身が力を持って対抗する宗教を抹殺し、相手をうち負かすというやり方で一神教のキリスト教やイスラム教のやってきた方法です。キリスト教では、戦争も平和のためと肯定し、権力者の養護を受け戦うことを黙認してきました。権力者の養護をあまり受けていないのが、日本では真宗でした。バルトも指摘したように、「ほかの日本の諸宗派と違って、浄土真宗はかつて一度も、為政者《いせいしゃ》による法的、ないしは財政的な支援を受けたことがない」といいます。

とくに、シャカムニが目指したのは、第三のやり方でした。異文化と衝突しないようにとの配慮を見ることができます。『お経』には、村人たちが信じる土地の神々が出てきます。いままでの古い宗教を誉《ほ》めながら、仏教を広めるというシャカムニの姿を見ることができる面白い説話です。

あるとき、シャカムニが旅をしておられた。すると、変わった行列に出会いました。牛や馬や羊やヤギやニワトリなど、色々の家畜が五百頭ずつ繋《つな》がれ、真ん中に男の子が籠《かご》の中に入れられ、母親らしい女性がその籠にすがりついて泣きながら歩いてきました。不審《ふしん》に思ったシャカムニは、行列の最後についてきた王に尋ねました。

「この行列は何をするために、どこに行こうとしているのでしょうか」

「私の王妃《おうひ》が病気になって、祈禱師《きとうし》に祈ってもらったら、色々の家畜を五百頭ずつと男の子を一人、草原に連れて行って神の生《い》け贄《にえ》として、殺して焼けばいいといわれたのです」

それを聞いたシャカムニは、王さまに進言《しんげん》しました。

「王よ、神さまはどんな所にお住まいかご存知でしょうか」

「神さまは大変美しく、楽しい天国に住んでいるといいます」

「そのとおりです。天国は、素晴らしいところですよ。その神さまに、家畜を五百頭ずつや男の子を生《い》け贄《にえ》にしたぐらいでは喜びません。だから、王妃を私に見せてください」

いわれてみれば一理あると思い、王さまはシャカムニに王妃を診《み》てもらった。シャカムニは幼少のときから、虚弱《きょじゃく》体質でしたので医学に詳しかったのです。王妃の症状《しょうじょう》にあった薬草を教えてあげ、みごと病気が治って王は仏教信者に改心しました。これは、〝誉《ほ》め殺し〟というやり方でしょう。この方法を取り込んだのが大乗仏教でした。特に密教は極端に他宗の神まで取り込みすぎたようです。

シャカムニの最後の言葉に、「怠けることなく真理を求めて生きていきなさい」といわれました。シャカムニの死後にも、新しい真理が発見されるというわけです。いけないことはいけないと、どこまでも真理に忠実であるべきという大乗仏教こそ、最もシャカムニを大切にした教えだといってきたのです。

初期の戒律では、衣を三枚以上所持してはいけないという。寒い国に広がるには、それではダメです。肉を食べてはいけないといえば、エスキモーは仏教で救われないでしょう。大乗仏教は寒い国に広がりましたが、上座部仏教は暑い国です。誰でも乗れ多くを運ぶことを求めながら、「法（真理）」は大切にすべきと考えたのが大乗です。上座部の僧侶がタバコを吸うのは、シャカムニが禁止していないからだという。シャカムニの時代には、インドにタバコはなかったのです。大乗ではタバコは嗜好品《しこうひん》としてダメです。真理を広めるために正しいほうを選ぶのが大乗です。

仏教からいえば、人間には叡知《えいち》（仏性《ぶっしょう》）と煩悩《ぼんのう》の両方が存在するから、宗教にも叡知と煩悩という正《プラス》と負《マイナス》が投影《とうえい》していると考えます。神は隣人愛を説きながら、罰《ばつ》という理由で人間を殺します。隣人愛は叡知の正の面であり、罰が煩悩の負の投影と考えられます。人間には誰でも、自分に反対する者を抹殺《まっさつ》したいという心が潜んでいます。神の宗教は、この負の問題には神への冒瀆《ぼうとく》といって触れさせないのですが、ここが大きな衝突を生む原因です。宗教の衝突の拡大によって、貧困者を生み難民が流出します。その難民は自分らに苦を与えた者を、神の名の下で罰するということで、また新たな戦いを生み苦悩の連鎖《れんさ》となっています。

ここで問題は、真理に随順《ずいじゅん》な仏教が衰微《すいび》し、排他的神の宗教がなぜ繁栄するのかという問題です。民衆は平和を求めながら、つねに戦争へと傾きます。宗教は正しいだけでは、《ひろまり》は望めないということでしょう。ないタマシイを揺り動かせるという不可解なことが、宗教の《ひろまり》には必要だったのです。欲を満たしたいという願望に牽引《けんいん》されて、正しいものが見えなくなるということです。宗教は科学より良識より歴史が古いので、人間の特性のようなものから考えないと理解できないものがあるということです。大乗仏教はそれを抱き込んだので、シャカムニと少々違った考えになったようです。

大乗仏教とタマシイ

シャカムニの最初の「証《さと》り」は、「縁起《えんぎ》の法則」だったであろうという。それをドンドン発展させて、「八万四千の法門」にまで広がったようです。

初期の仏教では、真理こそ一番大切だと教えられ、タマシイや祈りなどは説かれませんでした。すべては結び合って起こり、結びを解くとタマシイもない「無」の状態になる。「結果は自然なり」で、祈っても原因は変えられないから、祈るより原因を変えることが先決だと教えた。

そして、周りの異文化や宗教と衝突しないようにと、周りを取り込み発展させてきた仏教が大乗仏教でした。シャカムニの証った真理では、タマシイは「ある・ない」を超えた無記だと教えます。シャカムニが無記としたことを踏まえながら、「ある」といい出したのです。シャカムニの教えは正しいが《ひろまり》に弱く、低級な宗教にさえ浸食されると考えたでしょう。《ひろまり》が弱ければ、選択肢が与えられないから低級な宗教からの改宗が起こらないのです。

シャカムニの遺骨に集まってきた民衆に、ブッダ・シャカムニはいまも私たちを教え導いているという「ブッダ像」を作り出しました。そして、シャカムニに救いを求めた仏教が、大乗仏教の前身である大衆部です。大乗仏教とは、大きな乗物という意味です。大きい乗物とは多くを乗せて、同じ場所に運ぶということです。多くを乗せるが《ひろまり》、シャカムニと同じ「さとり」にまで運ぶのが《ふかまり》です。

シャカムニの教えではアートマンを「我」と訳し、「無我」の教えには霊魂《れいこん》はないと主張する仏教学者が多くいます。ところが、シャカムニの原始経典に「プルシャ」というタマシイが説かれます。ここで考えていただきたいことがあります。「無我」は我執《がしゅう》（エゴ）の否定だったと考えれば、世界の人に共鳴されるでしょう。

大乗仏教は、民衆の信じたタマシイを抱き込みました。そして、ヒンドゥー教の「輪廻《りんね》転生《てんしょう》」を抱き込んで、極楽往生してブッダになると教えました。この仏教は、とくに霊魂に関心が強いチベットで盛んに承け継がれ、中国や日本にも伝わってきました。大乗経典ではタマシイにも色々の種類があって、たとえば『大無量寿経《だいむりょうじゅきょう》』では「無我《むが》の法」と教える反面、「魂神精識《こんじんしょうしき》が次の世界に生まれ変わる」といいます。魂《こん》も神《しん》も精《しょう》も識《しき》も「タマシイ」の意味です。つまり、色々のタマシイが説かれ、「魂《たましい》（プルシャ）」と「我（アートマン）」の区別のあることが学べます。

中国の解釈も色々あって、生きているときの心のタマシイ（魂《こん》）と肉体のタマシイ（魄《はく》）を合わせて「魂魄《こんぱく》」といいます。死ねば、「魂《こん》」は「神《じん》」となって空中を彷徨《さまよ》い、「魄《はく》」は「鬼《き》」となって大地を彷徨うという。これを合わせて「鬼神《きじん》」といい、亡霊《ぼうれい》のことです。死ぬことを「鬼籍《きせき》に入る」といい、身と心のタマシイがバラバラに彷徨うのです。それを一つにして、慰霊《いれい》する儀式が儒教です。生きていたときの位を書いた位牌《いはい》を外に置いて、その前に色々のお供《そな》え物を置き、周りにお酒をまいて地に彷徨う「鬼《き》」たちを呼び寄せます。そして、匂いのいいお香《こう》を炊いて、空中を彷徨う「神《じん》」を呼び寄せ、位牌にとりつかせて、心と肉体のタマシイが出会って慰《なぐさ》められるという。

この儒教の儀式を取り込んだのが日本仏教で、葬式や法事で似たことをします。ここで、インドの『お経』が中国に入って、「タマシイ」をどう翻訳《ほんやく》したかが問題です。「無我」の反対は「我執《がしゅう》」であって、「エゴ」の意味になります。エゴに当たるタマシイが「我（アートマン）」だと考えれば、西洋でも理解できます。すると、たとえば「魂」はプルシャ（真我＝神我）という心のタマシイ、「我」はアートマンという肉体のタマシイと分けて考えればどうかと考えます。原始仏教でも、心と肉体のタマシイが違っていたようで、『佛教語大辞典』（中村元著）からも見いだせます。

中国や日本はほとんど大乗仏教であって、「一如（一元論）」を重視しますから人間も条件さえ満たされればブッダになれると教えます。死後に極楽に生まれブッダになるといえば、転生《てんしょう》の主体が求められます。それが「識」だと、タマシイだと考えたらいいでしょう。親鸞の著述には多くの「鬼神」が出てきます。ところがいま、「有無《うむ》の邪見《じゃけん》を破る」という文からタマシイは否定されて、時代考証を無視して親鸞を読みます。すると、往生の主体は何かという疑問に答えられず、民衆にはわかりにくい教えになっています。

親鸞とアニミズム

親鸞は、「鬼神」とか「冥衆護持」という言葉が使われますから、アニミズムを導入しています。一向一揆《いっこういっき》の最盛期の室町時代に、宣教師ルイス・フロイス（ポルトガルの人、一五三二～一五九七）がローマ法王に送った報告書です。

一向宗の僧侶《そうりょ》と山伏《やまぶし》とは、自分たちが妖術者《ようじゅつしゃ》であることに満足している。（『フロイスの日本覚書』中公新書、一九八三年一〇月二五日初版、九二頁。『ヨーロッパ文化と日本文化』岩波文庫、一九九一年六月一七日初版、八一頁）

ヨーロッパの宣教師の目に、真宗は妖術者に見えたのです。ヨーロッパの妖術とは一番が悪魔払いで、他に天候不順、病気治し、捜《さが》し物、占いなどですから、「悪鬼を近づけず」という親鸞の現世利益の世界です。ヨーロッパでは神のやる仕事を人間がやるから、魔女といわれ何十万の女性が綱でガンジガラメに縛られ、生きたまま燃え盛《さか》る火の中に放り込まれ殺されました。

「一向宗」とはわが浄土真宗も含まれる、念仏者集団でした。山伏はいまも、妖術らしきことをやっています。高く木を積み上げ燃やしながら、天候不順や病気封《ふう》じなどをやります。残り火を封じ、信者たちを裸足にして残り火の上を歩かせます。歩いた人がいうには、〝熱くなかった〟といいます。念仏の僧侶も妖術者だというから、似た不思議なことをやっていたのです。

この報告で「満足している」というから、苦悩者を救う現世利益の効果が相当あったといえます。一向一揆では真宗が苦悩者と連帯して、権力者に向かって行くほどの命懸けの信者が多くいたのです。一揆とは衝突であり戦いです。権力者から弾圧を受けたら、その場から逃れて弾圧者も本願に出会ってブッダの心を持つようにと、祈りの念仏を称えてあげなさいという親鸞の教えからは問題です。だが、苦悩の連帯は親鸞の目指した教えでした。蓮如は他宗のブッダから捨てられたという教えになっていますから、衝突しただろうと想像します。

真宗は、一揆の敗退以後に大きく歪められたと考えます。これ以上の《ひろまり》は困る、喜びをもって苦悩の連帯をしたのでは、また一揆《いっき》が起こるという懸念から、パワーを削ぎ落とすために現世利益軽視の方向に走ったと考えます。ところで、幕藩体制の民衆は高い年貢で、身分差別によって仕事の選択はできず、現世の幸せなど願えない極貧の時代でした。だから、不満が起こりますが、権力の頂点が決まり、弾圧の力が強すぎて改革は望めませんでした。すると、せめても死後の極楽を願います。そのとき宗教自身も改変して、社会改革を捨て権力者に刃向かわない教えが求められたでしょう。どのような状況にも「おまかせ」中心の禅の教えが台頭して歪め、衝突しない教えが求められると想像します。それが江戸教学といわれた真宗の暗黒時代の教えです。キリスト教の諮問官《しもんかん》が横行し「異端者」狩りをした時代に似ています。

それでも歪み教学は、幕藩体制の困窮《こんきゅう》した民衆の死後に希望を持たせる生き残り教学でした。そして、明治に入って日本政府は文明開花に莫大《ばくだい》な資金が必要となり、増税政策に民衆はますます貧困して、極楽願いは繁盛しました。昭和の敗戦で社会がガラリと変わり、現実の幸せを追求する社会となって、真宗はまったく取り残されてしまったと考えます。真宗の《ひろまり》は、念仏を称えると悪霊から護られると教えたのですが、変容してきたのです。

禅《ぜん》の影響

ところで、鎌倉時代に日本に入ってきた禅宗は、チベット仏教に影響されていない大乗仏教でした。一気に「証り」を指し示す、「直指人心《じきしじんしん》」という仏教で、大乗仏教でありながら一人、アニミズムを否定し続けた教えでした。でも、葬式や法事などの死者儀礼は、中国から早く取り込んだようです。禅を民衆に定着させようとしたのでしょう。室町《むろまち》時代の宣教師《せんきょうし》ルイス・フロイスの報告によれば禅宗《ぜんしゅう》だけはタマシイを否定していた。しかし、当時の民衆は、仏教にタマシイが救われることを願っていたのです。

・われらは来世の栄光と罰および霊魂の不滅を信じている。禅宗の僧侶たちは、それらのことをすべて否定し、生まれ死ぬこと以外には何もないと（みなしている）。（『フロイスの日本覚書』中公新書、九二頁。『ヨーロッパ文化と日本文化』岩波文庫、七五頁）

・われらは唯一で万能なるデウスに現世および来世の幸福を冀《こいねが》う。日本人は（諸《しょ》）神に現世の利益を求め、（諸）仏には霊魂の救いだけを冀う。（『フロイスの日本覚書』九七頁。『ヨーロッパ文化と日本文化』八九頁）

禅宗以外はタマシイが救われることを願っていたと報告しています。禅者で有名な一休の句といわれ、「おれ死ねばどこにも居《お》らぬここに居る　たずねはするがこたえはせぬぞ」

だったでしょう。これも、基本はタマシイの否定論者なのです。禅宗は大乗のいう一如や死後を引き継ぎながら、シャカムニの原始の教えに忠実だったのです。禅宗が日本に入ってきたころは、民衆のほとんどの悩みは悪霊の仕業《しわざ》と信じていたときです。そのときにもなお、霊を取り込まなかったということは、禅の面目《めんもく》を見る思いで大したものです。でも、それが苦悩する民衆の心を掴むのは難しかったようです。タマシイを否定する禅宗は、死後の存在が否定的です。「自体満足」といって、私は私のままでよかったという教えをいきなり要求します。ところが苦悩する民衆はいまのままでは嫌だと、どうにかしたいと考えますから、伝わりにくい仏教だったと想像します。

栄西、道元など同じ時代の親鸞は、禅とは反対にタマシイを取り込んだ浄土教を選びました。親鸞は「大乗中の大乗」を目指しましたから、当然といえば当然でしょう。ところで、禅宗も広まらなければ意味がないと考えたようで、幕藩体制下では、権力者と結びついて《ひろまった》仏教と考えたほうがいいでしょう。そして、中国の儒教《じゅきょう》を抱き込み、無常感に結びつけ、先祖を大切にする民衆の願いに合わせた禅が總持寺系《そうじじけい》の禅だといわれます。

さて、江戸時代の幕藩体制を潜《くぐ》って、いま仏教のすべてがタマシイを否定していますから、ルイス・フロイス以後に仏教界が禅宗に支配されるようなことが起こったと想像します。その影響で、浄土教の学者までが『大経』の教えに反して、タマシイはないといい出したと想像します。この学びは、中世よりも近世に入って科学や唯物論が導入され、ますます共鳴を受けたでしょう。とくに戦後、地方の住職までが大学で仏教を学び、この教えを正しい真宗だと、原典に照らさず鵜《う》呑《の》みにして、日本の隅々《すみずみ》にまで広まり真宗は民衆と乖離《かいり》したと想像します。

大乗仏教では、死後に何がブッダになるのかという問題が起こって、「プドガラ（補特伽羅《ふとがら》＝プルシャ）」を抱き込みました。いまやっている行為（業）によって、変化するタマシイが仏教のタマシイであって、昔から「業《ごう》ダマシイ」といわれてきました。親鸞の本意は、タマシイは「ある」と考えていたというのが私の選択です。「有・無をはなる」が仏教の基本だから、タマシイはないというのも有・無を離れていないのです。どちらに傾いているかの、傾向の問題です。禅は「ない」ほうに真宗は「ある」ほうに傾いているが、本質はどちらにも執着しないというのが正しいのです。「無《む》」というのは、「有《あ》る」と固執《こしゅう》する心を破るために「無」といったのです。もとからないものに「無」というような「無」ではないのです。「無我」を説いたシャカムニが、自分のことを「われ」といっているので「われ」はあるのです。

親鸞の著述には「鬼神」が多く説かれ、「霊」が説かれているといえます。『大経』には生まれ変わる正体が「鬼神」だといい、親鸞のすべての著述に「鬼神」が説れますから、間違いなく「タマシイ」を取り込んでいます。つまり、親鸞の本意はタマシイは「ある」に傾いていたというのが私の主張です。

「有・無をはなる」が仏教の基本だから、〝タマシイはない〟の主張も有・無を離れていないのです。どちらに傾いているかの、傾向の問題です。禅は「ない」ほうに、真宗は「ある」ほうに傾いているが、本質はどちらにも執着しないというのが正しいのです。「無」というのは、「ある」と固執する心を破るために「無」といったのです。もとからないものに「無」というような「無」ではないのです。「無我」を説いたシャカムニが、自分のことを「われ」といっているので「われ」はあるのです。

真言宗の高野山には墓がいっぱいあるのでタマシイをどう考えているのだろうと、学識のある近所の僧侶に尋ねてみました。すると、迷いの人にはタマシイがあり、証《さと》りを開けばタマシイはなくなると学んだという。これは、明快だと感心しました。タマシイがあると考える人は迷っている人で、だから最後にはタマシイはないと目覚めさせるという。真言も真宗も、タマシイがあるを選んだのですから、入門は迷いの人を相手にしようということです。

親鸞は悪霊におびえる人に念仏を教え、アミダ仏の他力によって愚かな人間にも証拠がでる「証り」を目指したと考えればいいのです。もちろん、極楽浄土に入れば「各々安立《かくかくあんりゅう》」といいますから、おのおのが一人立ちをするのですが、他力によっていま浄土の「証し」が少しは見えることを、親鸞は「証り」と書いたと銘記しておいてください。

禅宗以外の仏教はヒンドゥー教の影響を受け、輪廻転生《りんねてんしょう》のタマシイが次の世界に生まれ変わると教え、禅宗は輪廻転生を認めない教えです。でも、禅宗でも先祖を供養《くよう》し、タマシイをまったくは抹殺《まっさつ》してはいないのは、民衆との接点のためでしょう。『臨済録《りんざいろく》』に、私の顔から本当の私である「一無位《いちむい》の真人《しんにん》」が、出たり入ったりすると教えます。『無門関《むもんかん》』には、「倩女離魂《せいじょりこん》」の説話が出てきます。ある男にぞっこん惚《ほ》れた女性がいました。彼が転勤《てんきん》で遠い町に行ってしまったら、彼女のタマシイが抜けて彼と生活を共にした。ところが、タマシイの抜けたもとの女性は、夢遊病者のようになってしまったという。この女性は、どちらのほうが本物かという「考案《こうあん》」です。禅では「父母未生以前《ふぼみしょういぜん》の面目《めんもく》を知れ」といいます。私の両親が生まれる以前の私を知れという。つまり、禅もまったくのタマシイ否定ではないのです。鈴木大拙《すずきだいせつ》氏はアメリカ人に、「私がコップを見つめると、コップも私を見つめているのです。これを感応同交《かんのうどうこう》といいます。コップと私が一つになるのです。このような心を求めるのが日本の仏教です」と説明したそうです。これもアニミズムを取り込んだ説明だと私は考えます。私の心がコップに入り、コップの心から見つめられた私を知るという発想です。

変化してきた宗教

シャカムニの最後の言葉に、「怠けることなく真理を求めて生きていきなさい」という。すると、シャカムニ滅後も真理が見つかるわけで、真理は永遠不変ですが新しい真理の発見によって、考えが少し変わることを認めた宗教です。とくに、大乗仏教や密教は、タマシイである「プドガラ」を取り込み、儒教の先祖崇拝を取り込み、現世利益願いを取り込みました。これをタイラー説に整合すると、世界中が求めていることに合わせて変化したのが「大乗」といえます。この教えは世界中に広まるための変容だといえます。

人間の欲の深さを考えると、現世利益が《ひろまり》の要因です。つまり、大乗仏教はシャカムニを捨てたのではなく、他の国にシャカムニを受け入れやすく変容した仏教だと考えてください。この伝え方を対機説法《たいきせっぽう》といい、相手に合わせて説いたシャカムニが得意としたことです。真理もそのときの情景によって、別の真理が重要となるということがあるのです。これを現場の教学といいます。この発想は、カトリックも得意とすることで、日本に入ってお盆《ぼん》ミサを考え出しました。これに対抗して、お寺でもイルミネーションで飾り立てた、クリスマス法座も出てきていいのです。

イエスの本当の誕生日は初夏だそうで、冬の十二月二十五日ではないという。イエスの誕生を最初に見つけたのは羊飼いでした。羊飼いが山で野宿をしていたのだから、初夏だろうという。これはキリスト教の現場の教学であって、キリスト教以前の宗教の冬の祭りをクリスマスに取り込んだのです。キリスト教もユダヤ教もイスラム教も旧約から生まれたのだが、それぞれが違っているのだから独自に変容してきたといえます。

江戸時代に仏教全体が禅の影響を受け、明治になってインドの原典が学ばれるようになってきて、大乗の利点を失う風潮がますます強まり、民衆の要求と乖離《かいり》して元気を失ったと想像します。ところが、新宗教やキリスト教は民衆の願望に合わせて、元気に勢力を伸ばしてきたのです。宗教は正しい論理だけでは広まらないということでしょう。でも、宗教を信じるのは人間の特性です。科学がどんなに発達しても、決して宗教がなくなる時代は来ないだろうと想像します。そして、仏教も時代に連れて変化してきたということは、人間の想像の中ではどのようなことでも可能だから、宗教は奇跡のような〝なんでもあり〟を認めざるをえないのですが、キリスト教はアニミズムの悪用が多すぎるといえます。〝なんでもあり〟にもプラス・マイナスの「正《せい》・負《ふ》」を考えるべきで、世の中を乱すような宗教は淘汰《とうた》されるべきでしょう。

未来の宗教

未来の宗教を考えるとき、先端技術の影響が大きな要因となるだろうと思います。遺伝子を研究している学者の話を聞いていると、科学の奥まったところでは宗教的な偉大なアニミズムの存在を感じているようです。

染色体というきわめて小さい、短い糸のようなＤＮＡの先に、遺伝子情報の十万個ほどのスイッチがあるという。そのうちの一つのスイッチが、オンになるかオフになるかで手を作るか足を作るかが決まります。手の細胞は手を作り、決して足を作りません。ところが、体のどこの細胞にもすべてを作る遺伝子情報が詰まっていて、手になる細胞は手になるという情報だけのスイッチがオンになるのです。

クローン羊の「ドリーちゃん」が生まれました。これは、体のどこの細胞でもいい、染色体をとり出し飢餓状態《きがじょうたい》にすると、死の直前ですべてのスイッチがオンになる。そのときに栄養を与えれば、すべてを作り出す。心臓の情報は心臓を作り、他の情報のスイッチはオフになって、元の羊とそっくりの羊が生まれるのです。

誰が、そんな精密なものを作ったのかを考えるとき、その学者は〝宗教は信じていないが、サムシング・グレートの存在を感じる〟といいます。これも、現代という時代の先端技術が生んだ、アニミズムではないかと私は考えます。遺伝子工学の最先端に偉大な誰かがいると考える、その思いは宗教に近いでしょう。そこが解明されても、その先が謎となり、新たな神が永遠に想像の中で作られていきます。

この遺伝子の解読は、二〇〇五年には終わったといわれるほど、急速に進んできた分野です。そして、その遺伝子の中に組み込まれている情報の中に、死んでしまったあとの処置のことまでが書き込まれているといい出しています。死ねば直ぐに腐って処理されるようになっているという。この考えは、いままでの宗教に大きな影響を与え、新たな教えを生むことになると想像します。

人間を構成している、六十兆といわれる細胞のすべての情報が、一個の細胞に納まっているという。この話を聞いて、『華厳経《けごんきょう》』のいう「一即一切、一切即一」や「物質の一番小さい極微《ごくみ》（素粒子）の中に、宇宙のすべてが納まっている」という教えを思い出します。私のすべての情報が一個の細胞に納まり、一個の細胞が私のすべてを表している。この『華厳経』の教えをある先生が説明して、鏡の前にもう一つの大きめの鏡をもって鏡に鏡を映《うつ》しますと、永久に小さい私が映るようなものだという。一個の私が宇宙全体を映しこむと、宇宙全体も私を映しこむと想定できる。このように、いま私がすべてを映しこんだ思いからすべてと「一つ」になったとき、「一如《いちにょ》の証《さと》り」の境地に入ったのです。

遺伝子情報は、その人を生みだす人間性に重要な影響を与える、ということが常識になってきました。そうなると『華厳経』的視点が、人間にとって重要な教えだといい出す時代がくるでしょう。

二　宗教の存在価値――《ひろまり》と《ふかまり》

優れた宗教

優れた宗教とは、《ひろまり》と《ふかまり》のバランスのいい宗教だと考えます。《ひろまり》がなければ、どんな立派な教えを持っていても私のところにまで伝わって来ません。そして、低級な宗教との選択肢《せんたくし》がないため、宗教にとっては致命的欠陥《ちめいてきけっかん》といえます。この《ひろまり》の働きを概《おおむ》ね仏教では「現世利益《げんぜりやく》」（この世の幸せ）に託《たく》し、キリスト教では「福音《ふくいん》」に託していきます。民衆の欲心に焦点を合せ、信じさせることで感謝を牽引力《けんいんりょく》として《ふかまり》に導こうというわけです。

《ふかまり》とは、立派な人間に育てることです。自己中心の欲を捨てて、人のために尽くす利他行（隣人愛）を実行させ、とくに苦悩者を助けるような人間に育てることです。この実践によって、社会貢献となりその土地に定着することができます。

親鸞の本来の教えは、バランスの良い宗教でした。親鸞は浄土真宗を「大乗中の大乗」

といいます。大乗仏教とは《ひろまり》と《ふかまり》の両方を追求してきた仏教でしたから、親鸞の真宗こそ最も《ひろまり》と《ふかまり》のバランスが良い仏教だったのです。明治二二年、ドイツの語学者のK・F・フローレンツ（一八六五〜一九三九）が東京帝国大学の教授として、教鞭《きょうべん》を取っていた時の報告に、カール・バルトが注目しました。

最初のキリスト教宣教師として、一五四九年から五一年にかけて日本に滞在した聖フランシスコ・ザヴィエルが、浄土真宗のなかにまぎれもない「ルター派の異端《いたん》」を再認したと思ったのも、怪《あや》しむに足《た》らないことである。それによって提起《ていき》された問いは、ただ歴史的な意味をもっているだけでなく、また甚《はなは》だ現実的な意味をもっている。なぜならば（フローレンツ、三九八頁によれば）日本の全人口のほとんど二分の一、少なくとも三分の一強が、今日なおこの教団に属しているからである。（カール・バルト『教会教義』「神の言葉」Ⅱの2、二六四頁、新教出版社）

明治には日本の人口の、約半数が真宗の信者だった。現在の真宗は、首都圏で五パーセントというから、明治以後にまったく《ひろまり》のなかった宗教と、読者も想像できましょう。

四、五年前、西本願寺の大谷光真門主《おおたにこうしんもんしゅ》が誕生パーティの挨拶《あいさつ》で、「死ぬに死にきれない、どうにかしてください」と訴えた。首都圏伝道センターの係員から、首都圏の宗教状況を聞いたのです。首都圏とは、東京、神奈川、千葉、埼玉の一都三県です。ここに日本の三分の一の人が住んでいます。ここでの寺院数だが、真言宗が約三千カ寺、禅宗が二千カ寺、日蓮宗が千五百カ寺、浄土宗が千三百カ寺に対し真宗は六百カ寺です。真宗はいま全国約二万カ寺といわれますから、首都圏に一万カ寺がなければいけなかったのに、六百カ寺ですからまったく《ひろまり》を失なったのです。この影響でしょう、石原知事は本願寺からの再三の抗議を無視し、「他力本願ではダメだ」と連発しています。

さて、この門主の訴えを受けて宗会が動き、国勢調査の答申《とうしん》を調べた。すると、日本の人口が五十年後には半分の六千万人、百年後にはそのまた半分の約三千万人に治《おさ》まるようです。四分の一になると、西本願寺の生き残る寺院は十分の一だろうという。なぜ、このように一気に衰微したのか。門主が初めて教義《ドグマ》に触れた。〝いままでの西本願寺の教学は、エンジンのない車のハンドルさばきだけを習ってきた。まったく前に進んでいないのです。これからは、エンジンにあたる教学を勉強してください〟と訴えた。

親不孝な真宗

日本の若者と真宗人がよく似て、親孝行をしたくないという。

ここ二十年ほど前から、十七歳の若者の事件が頻繁《ひんぱん》に起こり、国もどうにかしなければと考え一九九六年に学者を集め財団法人・日本青少年研究所を立ち上げたようです。最初の年に学者が集まり、どこから手を着けるか議論をした結果、日本の若者と外国の若者との意識調査をしようということになった。最初にアメリカ、中国、日本の高校生、一万人対象のアンケート調査をした。三十ほどの質問で、「はい」か「いいや」に丸をする簡単なものです。

すると、見つかりました。一つの質問だけで、とんでもない答えが出た。「あなたを育ててくださった両親が年を取り、体力的にも経済的にも援助が必要になってきたとき、あなたはどのような方法を使っても親を助けますか」という質問です。「はい」に丸を付けたのは、中国が六十六％、アメリカが四十六％、日本といえば十六％というダントツの悪さです。つまり、日本の若者は親孝行などしたくないが八十四％です。〝どうして日本の高校生だけが、こんなことになったかわからない〟と学者が頭を抱えた。議論を尽くし、〝これは調べた国が悪かったのではないか〟となり、二千年の年末までに世界中を調べたが、五十パーセント以下が二カ国だったようで、それも日本は常識で考えられないほどの体《てい》たらくです。日本の親は、老後を子供に助けて貰おうなんて甘い考えは捨ててください。助けてなんかくれませんから。

〝どうしてぇ〟と学者が、またまた頭を抱えた。学者がわからないでは許されませんから議論を尽くした結果、皆が納得した答えが一つだけ見つかった。〝日本だけが一気に金持ちになった。これは世界の歴史上日本だけです。これが何か作用しているのではないか〟ということでしたが、〝なぜ、一気に金持ちになれば、親不孝者になるのか〟には〝わからない〟が本音だという。

この話を私が聞いて、生意気なようですが直ぐにわかったのです。それは、いまの真宗は、世界一親不孝な宗教になっているからです。私が真宗の寺の講演で、〝私たちの宗教で、親さまといえば誰のことでしょうか〟と尋ねたら、ほとんど三分の二はわからないの答えです。ある寺で〝弘法大師〟だと答えられ、びっくりしました。一番多い答えが、〝親鸞さま〟です。そこで、私が〝違います。親鸞さまが親さまといただいた方は誰でしょう〟といえば、ほんのわずかですが〝アミダさまじゃないでしょうか〟と小さな声で答える程度です。真宗門徒《もんと》は親が誰かわかっていないのですから、親に感謝するはずがありません。日本の若者の方がまだましです。

キリスト教やイスラム教で聞いたら、一発で〝父なる神〟と答えるでしょう。親に感謝しないのですから、親の教えなど聞いてくれません。親不孝な若者が日本を背負うのですから、先祖崇拝を根幹《こんかん》としている真宗は、ここ二、三十年で一気に衰微《すいび》すると想像します。

ではなぜ、日本の若者が親不孝になったのでしょう。一番の理由は親が子供の願いを聞いていないからだと考えます。ある婦人学級の講演に行き、同じ話をしました。

「何をいいますか。ウチなど、皇太子より大切にしていますよ。子供がいうことは、何でも叶えています。テレビゲームなど、段ボールにいっぱいあります。この間も、二十七万円もするギターを買ってやりました。ほら、テレビのコマシャールで有名な、若い歌手が持ってる黒いギターですよ」

「そうですか、すぐに買ってあげたのですか」

「いいや、すぐにじゃないです。なにせ二十七万円ですから、そこまで甘くはないですよ」

「では、どうやって買って上げたのですか」

「学校のテストで総合成績が二十七点以上あがったら、買ってあげると約束しました。そうしたら、本当に勉強しましてね。〝おめでとう、よくやったね〟といって、買ってあげました」

皆も驚きと歓喜の声を上げました。

「そりゃ大したもんやね。でも奥さま、それは子供の願いを叶えたのではなくて、親の願いを叶えてもらってますよ」

「えぇ、そうですかね、そういうことになりますかね」

「もし、成績を上げることができなかったら、どうしますか」

「そりゃ、当然、買ってあげませんよ。いままでも、このことで喧嘩をしたことが何度かありました。甘やかしはしませんですよ」

「買ってくれなかったら、努力はしたけど認めてくれないというか、願いが壊《こわ》されたのでしょうから、腹が立ったでしょうね。人間は、恨みはなかなか忘れられないものですよね。今回も感謝より、オレの努力で手に入れたと、親など関係ないと思っているかも知れませんよ」

といえば、皆も同調して〝こりゃ、大変だ、ウチも気をつけないと〟といいました。

日本は、一気に金持ちになったので、貧乏な時期をよく知っています。すると、親は体験から、大学を出たほうが幸せになれそうだと考えます。昔は貧乏で、大学に行くなんて親にいい出せなかったのです。いまは大学ぐらいなら行かせます。子供には幸せになって欲しいと考え、〝勉強しなさい。大学に行きなさい。親も頑張ってあげるから、絶対に幸せになるのだぞ〟という。ところが、小学生で大学などわからないときから、勉強しなさいと強要される。それでも、小学生時代は素直ですから、親を喜ばそうとする。中学生にもなると、何度か親に願いが壊され、恨むことが多くなる。〝オレの人生はオレが決めるのだ。親だからといって、勝手に決めるな〟となって反抗するのです。この結果、親に感謝する高校生が十六パーセントと、世界一ダメ孝行生になったのでしょう。

いままでの真宗では、〝他力だから、お任《まか》せして感謝しなさい〟という。人間から願うということは、疑っていることになります。赤ちゃんが、私を育ててくださいと願ったら、親を疑ったと同じです。だから、〝親にお任《まか》せしなさい〟と強要する。まったく真宗が同じことをいっているのです。ちょうど、戦争中に〝お前たちは、天皇陛下の赤子《せきし》である。喜べ〟と教育されたことに似ています。

〝このごろの子供は、辛抱できない〟〝親のいうことを聞かない〟とよく聞きます。では、高校野球の選手は辛抱が足りないでしょうか。炎天下の甲子園で泥まみれになり、不満もいわず監督と一心同体となり、どんなに叱られても着いていきます。なぜでしょうか。選手たちが〝イチローになりたい、松井になりたい〟という、強い願望を持っているからでしょう。願望が強いほど、監督や親のいうことを聞いて実行します。この監督や親こそ、自分の願いを満たしてくれそうだと考えるから、尊敬し感謝するのです。

入門で願望を削ぎ落とした真宗は、《ひろまり》と《ふかまり》の牽引力を失いますから、衰微の一途を辿《たど》るのです。

なぜ、宗教は《ひろまる》か

宗教の《ひろまり》は、まず人間の欲に応える教えです。だが、騙されたくないという思いもありますから、《ふかまり》とのバランスのいい宗教が大きな効果を上げるでしょう。古来からいわれる《ひろまり》は三つで、〝お陰、タタリ、世直し〟です。特に貧乏から救われるという教えが有効でしょう。イスラム教は宗教のすべてが堕落していたときにも、貧者が救われるという教えが機能していたので《ひろまり》を見たと考えます。断食するというラマダンも、貧者は食べずに働いているという、苦を共有しているのです。少しでも救われたと思えば、感謝の心を起こします。感謝が起これば、助けてくれた方の教えを聞くようになるのです。親鸞の《ひろまり》は『唯信鈔文意《ゆいしんしょうもんい》』です。

おほよそ十方世界《じっぽうせかい》にあまねくひろまることは、法蔵菩薩《ほうぞうぼさつ》の四十八大願《しじゅうはちだいがん》のなかに、第《だい》十七《じゅしち》の願《がん》に、「十方無量《じっぽうむりょう》の諸仏《しょぶつ》にわがなをほめられん、となえられん」と誓《ちか》いたまえる、一乗大智海《いちじょうだいちかい》の誓願成就《せいがんじょうじゅ》したまえるによりてなり。『阿弥陀経《あみだきょう》』の証誠護念《しょうじょうごねん》のありさまにてあきらかなり。証誠護念の御《おん》こころは『大経《だいきょう》』にもあらわれたり。（『唯信鈔文意』、『聖典』本派七〇三頁、大谷派五五〇頁）

【私訳】

総じて世界中にくまなく広まることは、アミダ仏の前身であった法蔵ボサツの立てられた四十八種の願いの中の第十七願に「世界中のブッダたちにわが名を褒められたい、称《とな》えられたい」と誓願された、大乗仏教の智慧の海から生まれた誓願が現実のものとなったからです。それは、『アミダ経』のブッダたちの証明と守護で明らかです。この証明と守護の意味は『大経』にも説かれたことです。

世界中への《ひろまり》が説かれ、念仏を称《とな》えると悪鬼神から護られるという『アミダ経』（『護念経《ごねんぎょう》』という）を説明すればいいという。『アミダ経』はこの経自体に『護念経《ごねんぎょう》』と名づけられます。「護念」の意味を、善導・法然は念仏を称える者はブッダたちが悪鬼神（悪霊）から護ってくれると説かれます。

護念《ごねん》（経）の意《こころ》は、またもろもろの悪鬼神《あっきじん》をして便《たよ》りを得《え》しめず、また横病《おうびょう》、横死《おうし》、横《おう》に厄難《やくなん》あることなく、一切《いっさい》の災障《さいしょう》自然《じねん》に消散《しょうさん》しぬ。（『観念法門』『選択集』、本派『聖典』七祖編、六一九・一二八〇頁）

【私訳】

護念経の意味は、また色々の悪霊をしてとり憑《つ》かせず、また急病になったり急死したり、急に厄難に遭遇することもなく、一切の災いが自然に消え散ります。

「鬼神」は死霊の意味ですから、明らかにタイラー説の世界共通のアニミズムに乗せて広めているのです。親鸞当時はアニミズムは一般民衆の常識であって、この教えは時代考証にも合っています。親鸞は念仏を説明した『行巻』に、悪霊退散の念仏が何度か説かれます。

この私の説を、二人の先生が認めてくれました。梯《かけはし》実円《じつえん》先生と浅井《あさい》成海《じょうかい》先生です。一九九八年、蓮如《れんにょ》五百回忌大法要を迎えるにあたり、全国の組長約五百人を集めて、京都の本山で二泊三日の組長フォーラムが開かれた。最後の日、本願寺中枢の法要関係者の代表者二十人ほどが壇上に並び、〝どのような質問にも答える〟というシンポジウムが開かれた。私は、梯氏を指名して、親鸞は念仏の悪霊退散によって《ひろまる》といっていると、『唯信鈔文意《ゆいしんしょうもんい》』と『選択集《せんじゃくしゅう》』の『観念法門《かんねんぼうもん》』などを文証に上げ、『行巻』の悪霊退散の念仏を絡《から》めて質問した。梯氏は〝私が申し上げることは、一切ございません〟と答えられた。すると、場内が一斉に大笑いした。私はその笑いが、先生から門前払いされた笑いだと思った。あとで広島から来ていた同級生の組長に聞いたら、〝先生がお前の説に、反論できないといったので、皆が笑ったのだよ。悪霊払いの念仏を、梯先生ほどの学者が認めよったからだよ〟といった。長野県から来たという、一面識もない組長からも話しかけられ、〝あなたの考えは正しいですよ。いまその考えが必要だと思います〟と、体験談を交えて共鳴され意を強くしました。

その明くる年だったか、布教使の研修「布教講会《ふきょうこうえ》」での最後の日、講師の先生全員を前に、質疑応答の時間が設けられた。私は金龍静先生に同じような文証で、蓮如も悪霊退散の念仏を勧めたかを質問した。横に座っていた浅井成海・龍谷大学名誉教授が、〝これは新説です。『行巻』の文で論証しましたから、反論できないでしょう。現在、『現世利益和讃』の念仏が、自力か他力か決着がまだ着いていませんが、入井君の説明で他力の念仏だと論証できますから、これは新説だと思いますよ〟と褒めてくださいました。

《ひろまり》においては、一神教の奇跡は有利です。苦悩者はひとりぼっちで頼りなく心細い状態ですから、力がありそうな者を一番に頼りにするからです。この世の創造主《そうぞうしゅ》である神こそ、一番力を持っていそうですから有利です。そのために、一神教はいま世界中に広まっています。ユダヤ教、キリスト教、イスラム教などです。

私が学生時代は、一神教は優れた宗教といわれていました。しかし、一神教の最大の欠点は、他の神を認めないことです。オンリーワンではなく、ナンバーワンの神だから他の追随《ついずい》を許さないので、他を蹴落とすという現象が起こります。世界中の人が自分たちの神を生み、信じていますから世界中で衝突しました。一神教が戦争の歴史だったのはそのためです。そして、《ひろまり》を目指した新しい宗教が真似て、一神教的教えを説きますから熾烈な衝突が広がります。

世界中で大教団といわれる宗教は、すべて現世利益というこの世の幸せを約束して広めたと考えていいでしょう。最近、宗教の病気治しは、心理医療から見て正しかったといい出しています。

私が京都で教えられたことは、〝親鸞さまの教えは正しい教えだから、病気が治るとかお金が儲かるなど、現世利益を願わせてはいけません。民衆を騙《だま》すことになるからです〟と教えられました。だから、私も当初は極楽浄土以外を願うことに批判的で、「おまかせ」一点張りでした。ところが、やがておかしいと思うようになった。親鸞は「息災延命《そくさいえんめい》」とか、「この世の利益《りやく》きわもなし」といいます。すると、親鸞が騙しの親分ということになります。私は親鸞にぞっこん惚《ほ》れ込《こ》んで帰ってきた人間ですから、騙すなんて誰にもいわせたくないのです。民衆の幸せを願わせずに、どうして《ひろまり》があるのか、これは衰微しかないという疑問を持った。これは一向一揆《いっこういっき》敗退以後に、歪められた教学だと直感的に感じました。

キリスト教の《ひろまり》

いま、《ひろまり》と《ふかまり》のバランスのいい宗教がカトリックでしょう。昔は、カトリックが最も好戦的な危険な宗教でした。モンテスキューは「どのような王国も、キリスト教の王国ほど多くの内戦はしなかった」といいます。中世のカトリックは世界中に勢力をのばし、多くの人を殺してきました。南米のチリなどでは国民の半分が殺されたといわれるほどです。

人間と人間が殺し合いをするなんて、皆嫌いなはずです。なのに、なぜカトリックではそのようなことをしてきたのでしょうか。これは入門で人間の欲を満たすことによって、大きな喜びと感謝をさせ、洗脳することができます。すると、教会のいうどのような無理難題も、正しいと信じて向かっていくのです。早い話がオウムを思い出せばいい。《ふかまり》にとって、入門が重要な意味を持っているのです。神のためにお金が必要といわれれば、大切なお金でも持ってきます。新宗教で起こっている、裁判沙汰です。信仰という自縛《じばく》が解《ほど》けると、いままでの自分がしてきたことが間違いであったと気づくのです。

カトリックでは、『旧約』と『新約』の『聖書』の両方を重じる会派で、世界一大きな教団となっています。『聖書』の《ひろまり》は死者を蘇《よみがえ》らせたり、病気治し、気の狂《くる》ったものから悪霊《あくりょう》を追い出したりと、神の奇蹟を使った「いやし」を行います。『新約』では、イエスの行くところへは群衆をなして集まったという。しかも、『師徒行伝《しとぎょうでん》』という伝道の書があり、仏教にはこの本に当たるものがありません。キリスト教での《ひろまり》と《ふかまり》は、イエスが最初に説かれた「山上の垂訓《すいくん》」の一文を読めば明瞭《めいりょう》です。

イエスはヨルダン川で洗礼《せんれい》を受けたあと、ガリラヤを巡り歩いて、病人やあらゆるわずらった者を癒《いや》し群衆が集まってきました。これが《ひろまり》です。これをキリスト教では「福音《ふくいん》」といい、仏教の現世利益に当たります。ちなみに、『新約聖書』には蘇生《そせい》、病気治し、足なえの人を歩けるようにしたなど、癒しが百十五カ所も説かれるといわれます。

その群衆を山に連れて行き、「山上の垂訓《すいくん》」という最初の説教の内容が《ふかまり》です。

心の貧しい人たちは、幸いである、天国は彼らのものである。
悲しんでいる人たちは、幸いである、彼らは慰《なぎさ》められるであろう。
柔和な人たちは、幸いである。彼らは地をうけつぐであろう。
義に飢え乾いている人は、幸いである。彼らは飽き足りるようになるであろう。
あわれみ深い人は、幸いである。彼らはあわれみを受けるであろう。
平和を作り出す人は、幸いである。彼らは神の子と呼ばれるであろう。
義のために迫害《はくがい》されてきた人は幸いである。天国は彼らのものである。
私のために、人々があなたがたをののしり、また迫害し、あなたがたに対し偽って様々の悪口を言う時には、あなたがたは、幸いである。喜び、喜べ、天においてあなたがたの受ける報いは大きい。あなたがたより前の預言者たちも、同じように迫害されたのである。あなたがたは、地の塩である。塩の効き目がなくなったら、何によってその味が取り戻されようか。あなたがたは、世の光りである。山の上にある町は隠れることができない。また、明かりをつけて、それを枡《ます》の下に置く者はいない。むしろ燭台《しょくだい》の上に置いて、家の中のすべてのものを照らさせるのである。（マタイ五の七）

これが、人のために尽くすという《ふかまり》の教えです。

まず、入門で人間の願望や祈りに応え、苦を除き神に感謝をさせ信じさせます。この信心は盲信であり、洗脳であり、あらゆる宗教が入門ではマインドコントロールしているといえるでしょう。一度助けてくれたと実感したら、その神は正義だと信じます。すると、その神の教えはすべて正義であり、実行しなければいけないと考えます。どのような困難な道であっても、助けてくれると信じます。そして、その神の望まれること、神が喜びそうなこと、神が捨てろということを捨てようと思うようになる。しかも、自分が信じた宗教がナンバーワンであって、他の宗教は邪教だとも思うようになります。

　果たして神の教えは正しいかと、シャカムニや親鸞は考えたのです。罪を解決することを隣人愛（利他行）でやろうとすれば正しいでしょう。ところが、私の罪を神に代わってもらうという、贖罪《しょくざい》の考えは真理に反した教えでしょう。仏教は自業自得を真理とします。自分の罪は自分が受け、自分で解決しなければいけません。この意味からは、いまの真宗もおかしいのです。真宗については、後日にバルトからの批判に答えることにします。

破満《はまん》の念仏

『教行信証』の『行巻』は、《ひろまり》の本だと考えます。すでに『唯信鈔文意』で学んだように、また『お手紙』に「十方衆生をすすめんため」の《ひろまり》が第十七願だと教えられます。第十七願を余すことなく説明した『行巻』こそ、《ひろまり》の書と考えます。『行巻』の初めに、『重誓偈《じゅうせいげ》』の「十方に名声が超える」といいますから、間違いなく《ひろまり》を目指しています。そして、念仏を称《とな》えると一切の苦と願いが解決すると教えられ、どのような民衆にも念仏に関心を向け、接点を持とうとしていると考えられます。

しかれば名《みな》を称《しょう》するに、よく衆生《しゅじょう》の一切《いっさい》の無明《むみょう》を破《は》し、よく衆生の一切の志願《しがん》を満《み》てたまう。（『行巻』、『浄土文類聚鈔』、『聖典』本派一四六、四七八頁。大谷派一六一、四〇三頁）

【私訳】

（前の五種類のお経の文証から結論して）この称名念仏は、生きとし生ける物の一切の苦の元をよく解決し、一切の強い願いをよく満たします。

この文を「破闇満願《はあんまんがん》」といい、曇鸞《どんらん》（中国、四七六〜五四二）の『論註《ろんちゅう》』から引用しました。「ナモアミダブツ」と称名念仏《しょうみょうねんぶつ》を称《とな》えると、「無明が破られ」「願いが満たされる」の二つの約束がされます。しかも、同じ文が『浄土文類聚鈔《じょうどもんるいじゅしょう》』（『略文類』という）にも説かれますから、親鸞のこだわりを見ます。

「無明」とは、苦の源という意味です。シャカムニの最初の「初転法輪《しょてんぽうりん》」の「十二因縁《いんねん》」に、あらゆる苦の元が「無明」から始まると教えます。仏教で「光明」といえば智慧のことですから、「無明」とは智慧がないという意味です。「念仏の智慧」といいますから、念仏によって無明が破られ苦が解決するのです。

次の「志願」は、志願兵の「志願」です。私の同級生に高校の古典の先生がいて、親鸞当時の「志願」を調べてもらいました。答えは、〃現代と変わらないようです。強い願い、本心からの願いという意味です〃といわれた。そこで、〃私は大学で聞かされたことは、志願とは極楽往生を願うのみと解釈しなさいと教えられたのですが、これは正しいですか。〃といえば、〃おかしいよ。頭に「一切」といってるんだよ。どんな願いでもいい、極楽だけを願えとは国語がムチャクチャだよ〃といわれた。

私も〃なるほど〃と思い、念のために県の図書館で調べましたら、「自らの意志に基づいて、すすんで願い出ること」（『日本国語大辞典』6・五三一頁、小学館発行）とあった。この辞典では、古代から現代までの八種類の本の使用例が上げられ、第二冊目に『行巻』のこの「志願」も含まれていましたから、国文学者の結論です。「自らの意志」といいますから、自力の願望が念仏で満たされるのです。

つまり、親鸞は自力、煩悩の強い願望から、入門させようとしていたのです。あくまで、入門では人間側に立って人々が求めことに応えようとしているのです。凡夫が喜ぶ教えになっていなければ、凡夫が集まってきません。『行巻』の念仏は、それを満たした念仏ですから、自力の念仏こそ入門だと考えます。

ただし、自力の念仏も「他力の行」の内だと考えてください。親鸞は念仏を「利他円満の大行」（『略文類』）といいますから、名号のお手柄で利他行となっているのです。自力だろうが他力だろうが関係なく、どのような念仏も利他行なのです。いままでの説明では、他力だから〝私が称えたと思うな、称えさせられたのです〟と教えられます。これでは『行巻』の「行」が、大乗仏教の利他「行」の説明ができていません。

この破満の文以外にも、『行巻』や『一念多念文意《いちねんたねんもんい》』には願わせる文があります。

・内外《ないげ》の両財《りょうざい》、求《もと》むるに随《したご》うてかならず応《おう》ず。（『行巻』。『聖典』本派一八〇頁、大谷派一八六頁）

・諸仏《しょぶつ》はみな徳《とく》を名《な》に施《ほどこ》す。名《な》を称《しょう》するはすなはち徳《とく》を称《しょう》するなり。徳《とく》よく罪《つみ》を滅《めつ》し福《ふく》を生《しょう》ず。名《な》もまたかくのごとし。（『行巻』。『聖典』本派一八三頁、大谷派一八八頁）

・「悉現前《しつげんぜん》」というは、さまざまのめでたきことども、めのまえにあらわれたまえとねがえとなり。（『一念多念文意』、『聖典』本派六七七頁、大谷派五三四頁）

「内外の両財」とは、「内財」は身心の利益で健康や名誉など、「外財」は物質的財産で商売繁盛《しょうばいはんじょう》・家内安全などです。次の文で、念仏は滅罪生福《めつざいしょうふく》を約束します。親鸞が「罪福心」を嫌ったのは、現世利益なのに、浄土の中に求めようとしたことを嫌ったと想像します。最後の文で、「めのまえ」ですから現世利益を願った文であり、願ってはいけないという現在の真宗は、明らかに親鸞を歪《ゆが》めています。

念仏で願いが満たされるといえば、念仏の前に願いがあったはずです。願ってもいない願いが、満たされるとはいいません。親鸞の教えは、願いを持って念仏しなさいです。頭に「一切」といいますから、どのような苦しみもどのような願いも解決するといっているのです。当然、現世利益を願うことも含まれるはずです。願った「志願」はいつ満たされるのでしょうか。「無明を破す」はいま実現していると解釈できます。

・しかれば大悲《だいひ》の願船《がんせん》に乗《じょう》じて光明《こうみょう》の広海《こうかい》に浮《うか》びぬれば、至徳《しとく》の風静《かぜしず》かに、衆禍《しゅか》の波《なみ》転《てん》ず。すなわち無明《むみょう》の闇《あん》を破《は》し、すみやかに無量光明土《むりょうこうみょうど》に到《いた》りて大般涅槃《だいはつねはん》を証《しょう》す、普賢《ふげん》の徳《とく》に遵《したご》うなり、知るべしと。（『行巻』、『聖典』本派一八九頁、大谷派一九二頁）

【私訳】

しかればアミダ仏の大悲の願船に乗って、光明の広い海に浮かぶと、優れた徳の風は静かで、色々の災いの波は転じられる。すなわち、苦しみの根源は破られ、速やかに浄土に到って涅槃を証して慈悲の普賢ボサツの徳に従って利他行を実行する。銘記しておきなさい。

・すでによく無明《むみょう》の闇《あん》を破《は》すといえども、貪愛《とんない》・瞋憎《しんぞう》の雲霧《うんむ》、つねに真実信心《しんじつしんじん》の天《てん》に覆《おお》えり。たとえば日光《にっこう》の雲霧に覆わるれども、雲霧の下《した》あきらかにして闇《やみ》なきがごとし。（『行巻』の『正信偈』文、『聖典』本派二〇四頁、大谷派二〇四～二〇五頁）

【私訳】

すでによく無明の闇は破られたとはいいながら、貧欲で満足を知らない愛欲や、怒り憎む煩悩の雲霧は、常に真実信心の天を覆《おお》う。たとえば日光が雲霧に覆われても、雲霧の下は明るくして闇ではないようなものである。

この二文を整合すると、無明が破られるのは煩悩の雲霧が邪魔をするというから「いま」です。すると、志願が満たされるのも「いま」のはずです。

親鸞当時の《ひろまり》

私が二十九歳のときに出会った二人の先生によって、私の人生は変えられたといえます。一人が真宗興正派の教学部長をしておられた、田中照海氏です。氏は西行と芭蕉が好きな高校の古典の教諭《きょうゆ》で、教科書を書かれるほどの国語力を持った方でした。常々、われらにいわれたことは〝いまの真宗学はおかしいから、『教行信証』の原文を読んで学びなさい〟といい、原文の講義を毎月続けてくれました。もう一人が、真宗大谷派の藤元正樹氏で、大学に入る前に『一切経』を読んでいたという怪物です。ドイツ哲学に詳しく、真宗の講義によくドイツ哲学が出てきました。大谷大学に残って教鞭《きょうべん》を取っていたが、学生に教える時間がもったいないということで、自坊に帰り毎日勉強をしていたという方です。高松の大谷派教務所に、『正信偈《しょうしんげ》』の講義で毎月来ていただき、三年ほど講義を受けました。この方は〝凡夫が救われる教えは、凡夫が喜ぶ教えになっていなければいけない〟といわれました。故・岡亮二《りょうじ》教授が、〝いまの真宗には、言葉遊びが多すぎます。一度、『教行信証』を国文学者に読んでもらうと本当の真宗が見えてくるでしょう〟といわれたことを思い出します。このように真摯な教学者は、いまの真宗に疑問を持っていたのです。

古代から民衆の願いは「無病息災《むびょうそくさい》」が主流でしょうから、〝お念仏で病気が治る〟といえば広まったのです。いまも、そのようにいっている宗教が人集めに成功しています。ところが、真宗ではそのようにいってはいけない、〝病気が治るなら、死なないのですか〟と反論されます。親鸞は「息災延命《そくさいえんめい》」といいますから、長生きするのです。親鸞の『お手紙』には、信心のない人は自分の往生（わが身の料）のために念仏を称えなさい、信心のある人は人のために祈ってあげなさいと教えます。そして、世の中が平和であるように、人々が仏教に出会って幸せであるように、世の中で間違ったことをする人がアミダ仏の誓いに出会って真《ま》人間になるようにと、祈りの念仏を称えてあげると報恩感謝の念仏となりますと教えますから、現世利益を願わせない教えは間違いです。

ここを見落とすと、真宗はまったく《ひろまり》を失います。特に念仏のないアフリカのような国への伝道は絶望的です。親鸞が関東の信者に、何度か書写して送った『唯信鈔』（聖覚著）にも現世利益に民衆がなびくと教えます。

その身《み》おだしきときは、医師《くすし》をも陰陽師《おんみょうし》をも信《しん》ずることなけれども、病《やまい》おもくなりぬれば、これを信《しん》じて、「この治方《じほう》をせば病《やまい》いえなん」といえば、まことにいえなんずるようにおもいて、口《くち》ににがき味《あじ》わいをもなめ、身《み》にいたわしき療治《りょうじ》をもくわう。「もしこのまつりしたらば、いのちはのびなん」といえば、たからをも惜しまず、ちからを尽《つく》して、これをまつりこれをいのる。（『唯信鈔』、『聖典』本派一三五一～一三五二頁、大谷派九二五～九二六頁）

【私訳】

身が健康なときは医者や拝《おが》み屋など信じませんが、病気が重くなるとこれを信じ、「このような治療をすれば治る」といわれたら本当に治ると思って、口にどんな苦い薬でも飲み、身には嫌な治療でも受ける。「もしこれを祀《まつ》って拝めば、命が延びる」といわれれば、財宝も惜しまず力を尽くしてこれを祀って祈る。

親鸞当時も現代と同じく、病気治癒《ちゆ》の祈り念仏を民衆が求めていたのです。〝病気が治る〟といわれたら、どのような宗教にも祈り、どのような苦《にが》い薬や嫌な治療でも受けるというう。入門で、このように念仏を信じると、《ふかまり》の利他行も実行するということです。入門で現世の苦悩から救われたら、出門でも苦悩者を救うことを実行するのです。だから、まず人の悩みを聞き入れ満願することが大切です。親鸞の著述には病気治癒や、福が満たされる文が多く説かれています。

このような理由から、私は念仏で病気が治るという資料を集めるようになった。まずわかってきたことは、内因性の病気は宗教でよく効くが、外因性はダメだということです。内因性とは原因が内にある病気で、胃・心臓・血圧・神経関係の病気です。ウイルスなど外から入ってきた病気は治り難《にく》いのです。例えば虫歯はどんなに拝《おが》んでも治りません。でも、白隠《はくいん》は結核《けっかく》を治したというから、時間をかければ治せます。宗教を信じると心が安定し、喜びが起こり免疫機能《めんえききのう》が高まるからです。

ここで、……私への反論は、親鸞には現世を祈ってはいけないという『和讃《わさん》』があり、「おまかせ」が正しいというでしょう。この答えは、現世の利欲を祈らなくなるのは、「欣浄《ごんじょう》厭穢《えんね》の妙術《みょうじゅつ》」という、「大信心」に入ったあとです。信心がブッダになったあとの、《ふかまり》の教学です。「おまかせ」は入門ではなく《ふかまり》の後の要求で、『尊号真像銘文』の最後に「この心をえつれば、義なきを義とす」という。「無義為義」の要求は「横超の信心」に入ったあとです。「横超の信心」とは、信心が浄土往生して「無常涅槃の証りをひらくを超という」と教示していますから、《ふかまり》のあとです。

……《ひろまり》の『行巻』の念仏は、民衆の願望に応える念仏でした。

ガン治癒と宗教

最近、臨床心理士が病気を治し出したのですが、これは昔宗教がやっていたことだといっていますから、宗教で病気が治っていたのです。ガンも押さえ込むことができます。

私が京都から帰ってきたころから、ガンが一番の不治の病といわれ出した。そして、ガンで死んだ人の葬式に行っているうち、ガンは自殺の一種ではないかと考えるようになった。ガンが蔓延《はびこ》り死にますと、ガンも死ななければいけないのです。そんなものがいつまでも、淘汰《とうた》されずに残っているということは、必要性があるからではないかと思ったのです。すると、ガン患者に同じ方向性があるとわかってきたのです。体の一部を酷使《こくし》して、内蔵の弱い部分がガン発症しているのではないかと考えたのです。

真面目な人は疲れていても、嫌ともいわず体を酷使します。できの悪い人は、〝酒ぐらい飲まなきゃ、やってられないよ〟といって、徹夜でガブ飲みして体を酷使します。すると、体の弱い部分が内臓疲労して、死にたいと自殺しているのではないかと考えたのです。その後、ガンはウイルスだといわれ出し、私の間違いだと思った。ところが、今度はストレスが原因だといい出し、〝そうだろう。やはり、内蔵自殺だ〟という思いに到ったのです。

これは後日、ヨーガの先生からも同じことを聞きました。食べた食物を、体はすべて消化します。胆嚢《たんのう》は胆汁《たんじゅう》を分泌《ぶんぴ》します。胆汁は希硫酸《きりゅうさん》の一種だと聞いた記憶があります。硫酸といえば、金属を解《と》かすほどの劇薬《げきやく》です。食物のばい菌を殺し、食物を分解して消化しやすくします。膵臓《すいぞう》はインシュリンを作って分泌し、糖分をブドウ糖に変え全身の六十兆個といわれる細胞に養分を送ります。私の体が、このような酵素《こうそ》を何百何千種類も作っているのです。巨大な製薬会社が何十社も私の中にあるようなものですから、疲労するのです。内臓疲労を知る簡単な方法は、一回二回断食して、体が軽く感じたら疲労だそうです。どこが疲労しているかを調べるのは難しいが、とにかく食べ物を減《へ》らして疲労を取ることが急がれます。いま、日本の死亡率の一番はガンで、二人に一人がガンです。念仏の病気治しの資料を集め出した矢先に聞いた話です。

ある老兵士のフィリピンでの話です。雇《やと》っていた原住民が腹痛を起こし、七転八倒《しちてんばっとう》、冷《ひ》や汗を出して苦しんだという。そして、〝薬をください〟といわれ友人に相談したら、負け戦で薬は底をついていた。そこで、〝歯磨《はみが》き粉《こ》をあげればいい〟といわれ、綺麗な紙に歯磨き粉を包んで、〝この薬は日本で一番よく効く、腹痛の特効薬《とっこうやく》だから、いま直ぐに半分だけ飲みなさい。残りの半分は明日の朝に飲みなさい〟といって渡した。半分だけといったのは、毒だったらいけないからです。早速、半分だけ飲んだらケロッと治って、夕方まで仕事をした。明くる朝、お礼に果物をたくさん持ってきて、〝さすが、日本の薬は良く効《き》きました。残りは今度のために置いておきます〟と真顔でいったので、友人と陰で大笑いしたそうです。

この人の別の話で、熱帯では傷を速く治さないとウジ虫が湧いて、傷口の中に逃げ込んでどうしても治らなくなるという。傷をもった原住民を見つけ、〝これは日本で一番効く、傷薬《きずぐすり》だぞ〟といって、靴のクリームを塗《ぬ》ってやったそうです。すると、これも見事に治ったという。

もう一つ、戦場の話です。ある日、突撃の命令が出たという。敵陣《てきじん》が間近いところにあって、銃撃戦を続けていた。やがて、突撃準備の命令が出て、剣を抜いて銃の先に取りつけ、弾《たま》を込めて待ちかまえた。敵の銃撃が止まった瞬間、〝トツゲキー〟と叫ばれた。みな一斉に飛び出し、銃を撃ちながら敵陣に向かって突進した。敵がこちらの銃撃に首をすくめている間に、敵陣に飛び込み銃剣で刺し殺すのです。成功して、捕虜《ほりょ》を集めているとき、隊長が〝よくやった。負傷者《ふしょうしゃ》を運んで治療せよ〟といわれ、倒れている味方を調べていた。そのとき、一番親しい戦友を見つけて〝おぉ、無事だったか。よかった、よかった〟と、喜んだ。フッと、彼の右脇を見ると、水でざっぷり濡《ぬ》れていた。〝どうした、脇腹が濡れているじゃないか〟といった。じつは、敵弾の内蔵貫通で血で濡れていたのです。彼は血だと分かった途端、〝うわぁ〟といって倒れて、そのまま死んでしまったという。

これらの話から、歯磨き粉が効いたとは不思議で、信じた精神作用に効能《こうのう》があるということでしょう。ウジ虫の話は、靴のクリームは油ですから、虫が死んで治癒《ちゆ》したとも考えられます。突撃の話は、神経が高ぶると痛みや苦しみがわからなくなるのです。だから、寝たきりの重病患者でも起こすことができます。そして、正常な時と同じ行動をさせることができます。つまり、火事場のバカ力という類です。これらは、精神的に病気が治る可能性があり、死にそうでも起こして体を動かすことで免疫力を高め、快復に向かう可能性があるのです。宗教の病気治しの奇跡は、こういう方法を使ったと考えるのです。宗教の奇跡や《ひろまり》は、人間の欲望を少しでも叶え、大きな喜びと感謝を生むことで、元気を得て安定させる効果があると考えます。

曾野綾子女史の本によると、カトリックで聖者に選ばれる条件として、キリスト者として一生世のため人のために努力しただけでなく、死後、何人かの病人の枕元に、キリスト者の写真を持って行き祈らせるようです。そして、本当に効果が上がれば、聖者の中に列挙されるという。新聞で読んだのですが、故ヨハネ・パウロ二世教皇は、見事、キンジストロフィーの患者の病気を治したことにより、聖者に選ばれたという。内因性か外因性の病気の種類によって、聖者の当落に差が出るだろうと想像します。

免疫力を高める念仏

最近、大都会の病院に臨床心理士《りんしょうしんりし》が入って、病気を治し出しました。心理学がガンまで治し出したのです。臨床心理士とは六年ほど前に、国家資格となったのです。そして、二、三年前から大きな効果を上げているそうです。ヨーロッパでは二、三十年前から心理療法《りょうほう》が使われ、現在、アメリカではドクターと同レベルといわれているようです。医者と同じぐらい病気が治せるというのです。これを研究した学者が、現在八十六歳の九州大学名誉教授の成瀬悟策《なるせごさく》氏であり、催眠療法では世界的に有名な先生です。この先生が、〝これは昔、宗教がやっていたことを、科学的に解明して使っています〟と、はっきりといっています。宗教で病気が治っていたのです。

心が肉体をコントロールするという話は、催眠術の研究者たちが早くからいわれてきたことです。私が学生時代だったとき、ソ連といわれていたロシアでの催眠術を使った事件を週刊誌で読んだ記憶があります。

ある催眠術師が未婚の娘さんに、〝結婚したら毎月何日に、私の所にお金を持ってきます〟と洗脳したのです。本当にそうなったのです。娘さん自身も、〝大切なお金を、なぜ持って行かなければいけないのだろう。おかしい〟と考えたようです。期日が近づくと、〝いや。絶対に持って行かない〟といい聞かせるのですが、当日になって〝いやだ〟と思った途端に、苦しくなり息が詰まりそうになるのだそうです。仕方なく、持って行くと、すーっと気持ちよくなるという。ズルズル続けている内に、ご主人が気づいたようです。

「誰の所にお金を持って行くのか」

「昔、住んでいた、近所のおじさんの所です」

「なぜ持って行くのか」

「なぜだか、私にもわからないのです」

「ふざけるんじゃない、どんな関係だ。許さないぞ」

ということで血を流すような喧嘩になったようです。そこで警察が入ってきたのです。

「あなたとそのおじさんとは、どのような関係ですか」

「単に近所のおじさんです。関係なんてありません」

「そのおじさんは、どのような仕事をしていたのでしょうか」

「催眠術を使って、見せ物小屋にいたといっていました」

「催眠術か。あなたは催眠術をかけれたことがありましたか」

「ええ。何度かかけられました」

ということで、警察は催眠術に関心を持ち、色々の催眠術師に聞き取り調査をしたら、〝あり得る〟という答えになった。〝間違いない〟と踏んで、追求すると吐いたという。ところが、〝なぜ罪になるのか〟で相当議論されたようですが、殺人罪に近い罪になったという記憶があります。その理由は、人の人生を変え、どうすればもとに戻せるかわからないということでした。

だいぶ前から、この催眠術を使って臨床心理士が病気を治し出しました。〝病《やまい》は気から〟といわれますが、気持ちを変えてイメージトレーニングをさせ、病気を治すのです。また、ライフスタイルを変えて免疫力を高め、病気を押さえ込むという方法です。

一年ほど前、NHKラジオ放送の朝四時の「心の時代」を聞いていて、「ガン難民を救う会」を立ち上げようとしている翻訳家の藤野邦夫《ふじのくにお》氏の話を聞いて驚きました。ある主婦から〝助けてください〟と電話をもらった。ご主人が、余命一カ月の肺ガンで意識だけは正常だが、手も上がらない口も利《き》けない状態なのに、大病院から出てくださいといわれ助けを求めてきたのでした。すぐに病院に行って、本人と家族を交えて話し合いました。〝三カ月以上入院させると、国からの助成金が下がるので、病院経営も大変なのです。手術をして儲《もう》けようとするのですが、余命一カ月では手術もできないのです〟ということから話し合いをした。

いま、ガンの治療は四種類で、一が手術療法、二が抗ガン剤などの化学療法、三が放射線療法、四が心理療法です。余命一カ月では、手術に体力が持たないでしょう。抗ガン剤はすでにたくさん使って免疫力が下がってしまって、これ以上使うと命を落とすでしょう。次に放射線療法ですが、効果が出るまでに四、五カ月かかり時間が足りないでしょう。残っているのは心理療法だけだと説明して、〝どの方法でもいい、私が対応してあげます〟といった。すると、一も二もなく心理療法と決まった。そこで、臨床心理士のいる病院で、部屋の空く日に合わせて移《うつ》したという。

臨床心理士の治療とは、「病は気から」の気持ちの持ち方を変え、気持ちの良かったころを思い出させてイメージトレーニングを施すのです。すると驚くことに、余命一カ月の最末期の肺ガン患者を一週間後に仕事に行かせ、いまも休まず五年になるという話です。まさかＮＨＫで、アナウンサーとの対談ですから、ウソではないと思います。もう一人、脳梗塞《のうこうそく》で下半身不随《ふずい》の患者に、臨床心理士が尋ねたそうです。

「病気の前に、歩いていたでしょう。どこを歩いていたか思い出せますか」

「そうですね。ボヤーッとしか思い出せませんが、少しなら思い出せそうです」

「そうですか、それは良かった。ではこれから、その歩いた場所を思い出し、いま歩いているいると思って、ドンドン歩いてください」

といわれ、イメージの中で〝歩いている、歩いている。〟と歩くのだそうです。歩き終わったらまた別の所を思い出して、イメージの内で歩く。時々、先生が来て尋ねるようです。

「いま、どこを歩いていますか」

「子供のときに、おばあちゃんの故郷《ふるさと》に連れってもらったことがありました。山に近い田舎《いなか》でした。秋だったので、畦道《あぜみち》に曼珠沙華《まんじゅしゃげ》がいっぱい咲いて綺麗でした。小川には手が届きそうな所にお魚が泳いでいて、田舎っていいなぁと感動しました。そのあぜ道を思い出してグルグル歩いていたのです」

「ああそう、それ最高です。そこをドンドン歩いてください」

どうも、楽しいところを歩くのがいいようです。嬉しくなってドンドン歩いているうちに、脳の中で別のブイが繋《つな》がって本当に歩き出したという。このようなことがいま、大都会の大病院で起こっています。三カ月程前にも朝日新聞の朝刊で取り上げ、同じようなことが載《の》っていたとも聞きました。

私は当初、〝ウソーッ。そんなに簡単にガンが治るかな？〟と疑いました。が、直後に〝これかぁ〟と一気に信じました。二、三年も前に、九州大学名誉教授の成瀬悟策《なるせごさく》氏の話を聞いていていたからです。成瀬氏は臨床心理士を国家資格に立ち上げた功労者で、日本の臨床心理士第一号です。彼は若いときから、催眠術《さいみんじゅつ》を研究してきました。催眠術を使うとおもしろいことが起こるそうです。色々の実験が報告されています。

例えば、漆と水の実験が有名です。漆《うるし》と水を用意して筆に漆を浸《ひた》して、漆に気触《かぶ》れる人に催眠術をかけ〝いまから、水を塗りますよ〟といって、実際は漆を塗るのです。〝はい、水です。水です。どうもないですね〟といえばどうもないそうです。次に、水を浸して、〝今度は漆を塗りますからね。気触れますよ〟といって、水を塗るのです。〝はい、漆ですよ。かゆくなってきましたね。気触れています。漆です、漆です〟といって水を塗るのですが、本当に赤く腫《は》れて気触れるそうです。

また、このような実験もあります。〝いまから、真っ赤に熱した硬貨を、手の甲《こう》に乗せますよ。大火傷《おおやけど》しますからね〟といって、十円硬貨を乗せます。〝はい、乗せました。凄《すご》く熱《あつ》いですね。大火傷していますよ〟というと、熱そうにして泣きそうになります。その瞬間、硬貨をのけるとその痕跡《こんせき》が真っ赤になっているそうです。読者もいま、十円硬貨を手の甲に乗せ、目をつむって〝熱い、熱い。大火傷している〟とイメージしてみてください。そして、硬貨をのけると真っ赤になっていたら、自分でガンでも治せる人です。

……つまり、人間の心が身体をコントロールしているということです。

ここで、読者がもしガンになったときには、免疫力を高めてください。すると、簡単には死ななくなります。これを、ハーバード大学が見つけたそうで、余命一カ月の最末期ガン患者を追跡調査した。ほとんどが死んでいますが、驚くことに一万人近くが十年以上生きているということがわかった。当初は医師の誤診だろうとカルテを調べたら、そうではなかった。そこで、千五百人を見つけ出して、聞き取り調査をしたところ、みなライフスタイルを変えたという。発症《はっしょう》以前と同じことをやっていたのでは、またガンが再発する可能性が高いのです。その人たちは偶然に、生活を変えて楽しいことをしていたら、死なずにいまに至ったという。

読者も気づいているでしょう。ガンになって直ぐに死んでしまった人と、いつまでも死なないで元気にやっている人がいることを。この差が免疫力の差だそうです。いま、本屋に行くと免疫力を高める本がいっぱい並んでいます。免疫力を高めるには三つで、食事、リラックス、ライフスタイルを変えるのが重要なようです。リラックスとライフスタイルを変えることは宗教が得意とするところです。

食事は科学的には一番が海のカキ、二番がショウガ、三番がお米です。亜鉛が多く含まれた物です。ところで、専門家の多くがいうことは、玄米がいいようです。次に、一日に二リットル以上、良質の水を飲んでください。人間の体は三分の二が水だそうです。そして、熟成《じゅくせい》させた食物を好んで食べるといいようです。納豆、味噌、古漬けの漬け物など、バクテリアが多く住みついていそうなものです。これは、腸の壁を厚くするためであり、バクテリアが消化を助けてくれます。また、腸内温度が三十七度二分以上でないと、免疫力が高まらないようで、バクテリアの中には熱を出すものまでがいるので、そのバクテリアが助けてくれるのです。

リラックスでは大笑いすると、ガン細胞が一気に五千ほど死ぬということは有名です。朝夕、二回ほど風呂に入り、一日三十分、一週間で三時間以上、呑気に散歩程度の気持で歩くといいそうです。そして、何をしても〝楽しい、楽しい〟といい聞かせることです。シャカムニが「迷える者の夜は長く、悟れる者の夜は短い」というのは、リラックスしているということで、二千五百年前のインドで八十歳の長寿まで生きたのはそのためでしょう。

念仏も感謝の念仏になると、常に喜びを引き寄せますから、免疫力が高まるのです。ライフスタイルを変えるとは、今までより喜べること、自分がやりたかったことをやるようにするのです。特に困っている人を助けると、その喜びが持続して免疫力が高まります。これが宗教は得意で、利他行を勧めます。シャカムニやイエスが「人間に生まれてきた最高の喜びは、苦悩する人を救ってあげたとき」という共通の教えがあります。この宗教の教えが免疫力を高めているということでしょう。念仏者は特に長生きします。真言宗を開いた、空海は六十二歳で死にました。天台宗の最澄は五十六歳、禅宗の栄西は七十五歳、道元は五十四歳です。日蓮は六十一歳です。それに比べて念仏に生きた法然は八十歳、親鸞は九十歳、蓮如は八十五歳ですから、念仏は免疫力を高めると考えられます。

宗教が「信心」を大切にするのは、教えどおりに身体をコトロールしようとするためです。それも、煩悩が信じるということが大事ですから、現世利益信仰が手っ取り早いということでしょう。

実体験からの確信

私も実験してみました。バス酔いでしたが、驚くほど良く効《き》きました。平成二十三年、京都の本山では「親鸞七五〇回大遠忌法要」が営まれます。視察旅行で、近隣の同派の寺二十カ寺が、三百五十人ほどの団体参りをします。その視察中のバス酔いでした。私は何十年このかた、バスに乗る前にお酒を飲みますから、バス酔いなど忘れていました。

私は子供の頃から、乗り物に弱いのです。ブランコに酔っていました。泳ぎにいって、手漕《こ》ぎボートに酔ったのです。桟橋《さんばし》に人を見送りに行って酔ったのです。そのとき、私は人が船に乗っているのを見ただけで酔うのだと思いました。ところが、浮き桟橋だと聞き、見に行くと本当でした。桟橋に出て行くと陸続きのようで、揺れている感じはありませんでした。

とにかく、よく酔うので子供の時には旅行が大嫌いでした。中学生になった頃、薬ができて酔わなくなりましたが、眠たくておもしろくないのです。バスの中では寝てばかりで、観光地に着いたら起こされ渋々連れだって行くのですが、ガイドさんの説明も眠たくて上《うわ》の空。やっと眠気が覚めるとまたバスです。だから旅行は好きになれませんでした。大人になって偶然に、夜の宴会の残り酒を朝食で飲んで、薬を飲むのを忘れていたのです。そこで、お酒を飲めばバスに酔わないと分かったのです。私は飲んべえですから、それからは旅行が楽しくなりました。旅行の朝、家を出る前に缶ビールをグイッと、一杯気分でバスに乗るのですから楽しいのです。それからは旅行が大好きになり、外国旅行まで行っても大丈夫。インドの仏跡では二十時間、バスに乗り続けても大丈夫でした。

だからここ何十年、酔ったことがなかったのです。ところが、視察旅行で部屋や風呂場を点検し、昼の食事は夜の宴会と同じ料理を出していただきました。綺麗な料理に舌鼓《したつづみ》を打ち、ビールもたくさん飲みながらおいしくいただきました。その後、京都市内観光中に酔い出したのです。辛抱に辛抱したが、反吐《へど》が喉元《のどもと》まで上がってきました。もうダメだと、前の座席の背もたれからナイロン袋を抜いて、周りの人に断《ことわ》りました。〝久しぶりにバスに酔って、吐くが許してや。臭うかも知れないがゴメンなぁ〟といったら、〝そりゃ、酒の飲み過ぎだよ〟と冗談をいわれた。こちらは笑っていられない状態です。袋に吐き出そうとしたとき、咄嗟《とっさ》にイメージトレーニングで止まらないかと考えた。でも、ラジオを聞いただけでは、どうしたらいいかわからないのです。歩けないときには、「いま」歩いていると思えといってたな。病気になったら、絶好調のときを思い出せというようないい方をしたな。では、バスに乗っていて酔わなかったときが、「いま」だと考えればいいんだ。

すると、お酒を飲んでいるときだと思ったが、いま飲んでいるしダメだと気づいた。つぎに、自転車に乗っているときには酔ったことがないと気づいたが、これはバスだし自転車はダメだろうと思った。でも本当は、それでも良かったようです。ドンドン下から込み上げてきて、とやかく考えている暇がない、〝急がないと〟と焦《あせ》った。

次に、〝自分で車を運転しているときには酔わないから、このバスを運転していると思ったらいいだろうと気づいた。だが、バスを運転したことがない〟と迷っていたが、〝よし、このバスを運転してやろう〟と、目をつぶって〝いま、このバスをワシが運転している〟と自分に言い聞かせ、袋を両手で半開きにしてハンドル代《が》わりに、いつでも吐き出せるように胸の前で持った。キーでエンジンをかけてとやっているときにも、ドンドン吐き気を感じていた。車が前に走り出したと思い、人が歩いているから気をつけてゆっくり走っている感覚になった。左路肩に自転車がフラフラしながら走っている光景を思い浮かべ、接触しないように気をつけてといい聞かせた次の瞬間、〝あっ、オートバイが飛び出してきた〟と思い浮かべ、急ブレーキを掛けた。そのとき本当に、ブレーキを踏むように足を突っ張ったのです。そのために、われに返ったのです。多分、十秒ぐらいの短時間だったでしょう。すると、まったく吐く気配が消えてしまっていたのです。

信じられないので、体を左右前後に揺《ゆ》すってみたが、まったく吐き気が消えているのです。〝いや、こんなに簡単に治るはずがない〟と何度か自分から吐き出そうとしましたが、まったく正常でした。袋をもとの網に戻しまして、ニコニコして隣の住職の顔を見た。すると、〝入井さん、吐くんじゃないの〟といわれ、〝いやぁ、イメージトレーニングで治ってしまったよ〟といえば、皆が〝ウッソー、それ何〟といわれ信じてくれないのです。〝本当だよ、NHKのラジオで聞いたとおりにやったんだよ。〟といったがバカにされました。帰りながら、〝しかし、よく効いたなぁ。なぜだろう〟と感心するやら考え込むやら。そこで気づいたことは、いままで薬も酒も効きましたが、一旦、酔ってしまうとダメでした。ところが、このやり方は喉元《のどもと》まで込み上げていたのを止めたのですから、驚くほどの効き目です。私の人生では、初めての経験です。これなら、ガンでも押さえ込むのは本当だと思いました。

〝どのような人によく効くのかなぁ〟と考え、まず気づいたことは催眠術に懸かりやすい人だと思った。自己催眠をかけたのでしょう。催眠術に懸かりやすい人とは、人のいうことをよく信じる人でしょう。つまり、宗教を信じやすい人がよく効くのだと気づきました。〝信じる者は救われる〟ということを再確認しました。

そこで思い出したのは、いま西本願寺きっての大学者梯実円氏が〝宗教はマインドコントロールすることです〟といっていたことです。そして、後日気づいたことは、心が肉体をコントロールするというが、仏教のいう「身心一如」とはこのことではなかったかと考えた。心と肉体は、相関関係にあると考えました。そして、ただイメージトレーニングをするだけでなく足を踏ん張ったように、行為も交える方が効き目が大きいのではないかと、それが修行を必要とするということではないかと考えたのです。

イチローも、イメージトレーニングをしているそうです。スポーツ選手が記録を出すときは、体が柔らかいときだそうです。イチローはバッターボックスに立つ前に、バットをクルクル回し体や足をくねらせています。あれは、いま一番体が柔らかいときだとイメージしているというのです。松井秀樹は打つ前に、イスに座って目をつぶってイメージトレーニングをしています。もし私の想像が正しければ、イチローの方が行為が入っているので、効果が大きいだろうと考えます。

私はこの体験を得てから、日曜ごとに法事の場で法話に使い、ガンでも押さえ込めるのだという話をしています。すると、七十歳がらみの男性が初めて〝信じる〟といってくれました。

「院住さんがいっていることを、私は信じますよ。間違いなく正しいですよ」

「ご主人さまは、何をしている方ですか」

「漁師ですよ」

「なぜ、私の話が信じられましたか」

「ワシは、休みになったら釣り舟を出しています。すると、素人が乗ってくると、必ず酔って吐くのです。そして、青くなって〝陸に上がりたいよ〟といわれるが、沖にいるのでどうしようもない。そして、帰る頃にも一匹も釣れていないのに、代金をいただかないといけないので可哀想《かわいそう》だと、どうにかできないかと考えたのです。そこで、会う人ごとに酔わない方法を聞いていたのです。すると、自分で車を運転しているときは酔わないというじゃないですか。それなら、舟を運転させたらどうかなと考えたのです。ある日、酔って吐き出す瞬前の人を見つけました。『おい、後ろに来てくれ』と呼び寄せ、『この舟を運転してみてよ』といえば、『舟など運転したことがないから、ダメです』という。〝大丈夫、大丈夫。はい、この棒の舵《かじ》を握って、このグリップを回すと急に走り出すからね。少しだけだよ。いま、釣りをしているので、吹かしたらいけないよ。魚が逃げてしまうからな。一番遅く、流れに逆《さか》らってトロン、トロンとゆっくり、真っ直ぐ走らせて欲しい」

といって、無理矢理、舵を握らせたそうです。

「ほらほら、大きな船が近くを走ったら、波が来て舟が曲がり出すからね。そのときはこのハンドルを引いたり押したりで調節《ちょうせつ》しないとだめだぞ。任せたからな」

といって運転をさせると、一発で治ったそうです。だから、〝信じます〟といった。

次に信じてくれたのは、ある家の奥さんでした。隣の主人に似たことが起こったという。その主人は大腸ガンでした。手術のために開いたら、大きなガンの周りに小さなガンがいっぱい転移して、手がつけられない状態で、大きなガンだけ五、六個削除した。そして、閉じたようです。本人には〝すべて摘出《てきしゅつ》しましたから、もう大丈夫ですよ〟とウソをついた。奥さんには、写真を見せて〝このとおりです。必ず再発しますから、毎月の診察を受けるよう勧めてくださいね。また大きくなったら、摘出しましょう。では、お大事に〟

といって、退院させられた。

ところが、本人は本当に治ったと信じ、出会う人に喜んで、〝治った、治った〟と公言した。ところが、周りの人は奥さんから聞いて知っているので、陰では〝あいつ、あんなことといってるけど、再発するらしい。かわいそうにね〟といい合っていた。本人は、〝医者が酒を飲んでもいいといったから、今度の町内会の忘年会には呼んでよ。オレも必ず行くからな〝といって、お酒を飲んでカラオケで歌うは踊るは大騒ぎ。毎日、〝よかった、よかった〟と喜んでいた。ある時、医師が頭をひねり出した。内視鏡でどんなに探しても、たくさんあったガンが見つからなくなっているという。本人に〝全快ですよ〟と告げたら、またまた喜んで元気になったという話です。〝よく似ていますね〟という。これは、喜んだために免疫力が高まって、完治したと想像します。これが、現世利益で宗教が広まっているということでしょう。信じるという心が肉体をコントロールして、そのように向かうといえます。すると、信じないものより治りやすいといえるのでしょう。親鸞が「信心は如来なり」という経文に注目したということは、ブッダに近づけようとする牽引力が働いているといえます。また、「信力増上」という言葉も、そのようなことをいおうとしていたのではないでしょうか。

第三章　親鸞の仏教――信心がブッダとなって貢献する

一　親鸞からの提言——最高を目指してこその人生

親鸞の全容

教皇の仏教批判に、「はたして私たちはこのようなしかたで神に近づくことができるのでしょうか。ブッダの伝えた〝悟り〟はこの点について言及《げんきゅう》していません」という。これに対し、親鸞《しんらん》がキチッと答えていたことを学んでいただきましょう。

私は親鸞の著述を、四百回近く読んできました。毎月、檀家の月忌《がっき》参りで『聖典』を持ち込んで、繰《く》り読みをして四十六年になります。当時は一カ月で聖典一冊のペースで読んでいました。十年ほど読んだ時点で、大学で学んできたことがおかしいと感じ出した。まず、親鸞と蓮如《れんにょ》の教えに少々ズレがあると、ニュアンスが違っていると感じました。そのころから、研修会や講演会の質疑応答では必ず先生方に質問しました。〝なるほど〟と思う答えが返ってきましたが、読んでいるうちにこんな文があるのにあの答えはおかしい。ここを質問したら、どう答えるのだろうという疑問がしきりに起こってきました。まさか、先生方が間違っているとは思ってもみませんでした。十五年ほど経ったころから、いまの真宗は蓮如教学だと、親鸞どおりでないという思いが強くなって蓮如を読むのを止《や》めました。次に『歎異抄《たんにしょう》』がおかしいと感じ、『歎異抄』も外《はず》しました。

三部の『お経』と親鸞と親鸞の妻恵信尼の『お手紙』までを読むようにしたのです。すると、すぐにどこがおかしいということがわかってきました。伝統教学では、悪人が一番に救われると教えています。ところが実際の親鸞は、苦悩者が一番の救済対象です。そして、信心が深くなればなるほど、その宗教の最高の方に信者は似てくると教えます。

親鸞の教えは「大乗中の大乗」といいますから、現実に利他行するボサツ（正定聚＝必ずブッダになる仲間）でなければいけなかった。念仏の信者はアミダ仏が私にしてくださったように、私も一番に苦悩者を現実に救ってあげなければいけないという思いに駆《か》られるのです。ところが、「身」の煩悩が反対し邪魔をするのです。そのときに初めて、「私は悪人」という自覚が生まれるが、念仏は価値ある名前を人に届ける「利他行」だから、どのような悪人でも滅罪してブッダになることができると喜ぶ教えです。

これは最初のボタンをかけ違えているために、すべてのボタンが合っていないので、少しずつ解《ほっ》れが起こっているのです。西洋のことわざに、「最初のボタンをかけ違えると、最後のボタンはかけられない」ということです。親鸞の最初のボタンは、苦悩者を救うという教えでした。ところが現在、悪人が一番に救われるといっています。

親鸞の教えにはキチッとした順列があって、常に《ひろまり》と《ふかまり》を考えて著述しています。『教行信証』は、その順列で書かれています。『行巻』の一番初めに、貧困者が救われると説くのは、念仏の《ひろまり》です。しかも、この念仏が浄土往生までも約束します。どのような念仏でもいいのです。名号《みょうごう》(名前)に大変な価値(功徳)が備わっていて、人が称えた念仏を聞いただけでも往生するという。これを信じたら、第十八願の信心です。

『信巻』の初めに「大信心」が説かれます。「大信心」とは《ふかまり》の「深信」のことです。信心はブッダにまで昇華して、「大信心はブッダ」だと厳命します。この大信心によって、利他行する信者に生まれ変わるのです。そのとき初めて、「私は悪人」という自覚が自然に生まれるのです。悪人救済は、『信巻』の最後で説かれますから、「深信」という《ふかまり》の後です。利他行に係り果てる「深信(大信心)」に入って、「身」の煩悩が利他行せよという真実信心を拒絶するときに、「私は悪人」という自覚が初めて自然に生まれる教えだったのです。

以前、拙著で、『行巻《ぎょうかん》』に三百五十カ所以上の現世利益が説かれていると論証しました。これが《ひろまり》で『行巻』は伝道の書だと考えてください。苦悩者に「現世利益」で救うという念仏が『行巻』の念仏です。そして、浄土往生してブッダにまでなると教えます。つまり、親鸞は〝現世利益願い〞から入門させて、信心が深まると周りの苦悩する人を現世利益で救うブッダたちと同じ働きをすることを想定したのです。その《ふかまり》が「現生十種《げんしょうじゅっしゅ》の益《やく》」です。第九番の「常行大悲《じょうぎょうだいひ》の益《やく》」の実行で、ブッダと同じ実践をすると教えます。

このような学びを、いままで誰もしていませんが、これが順列どおりの直参《じきさん》の学びです。この親鸞の教えの全容は、『行巻』の「一乗海《いちじょうかい》」の教えです。『行巻』とは、念仏を余すことなく説明された本です。この『行巻』の結論に当たるのが、「一乗海」です。念仏の「海」に流れ込む「川水」の一番を、「雑修《ざっしゅ》・雑善《ぞうぜん》の川水《せんすい》を転じ」といいます。一番は、第十九、二十願の自力信の人たちです。この人たちは、念仏にであった初期の仏教入門者たちです。「雑修・雑善」とは他宗の善行者で、念仏と他の行を同じと考え、念仏に利益を求め、祈る自力の念仏者です。

この「川水」が念仏の海に入ると、「転じ」てブッダに近い「海水」になるのです。それが「逆謗・闡提の海水を転じ」といい、第十八願に入って自分は悪人だと気づいた人です。「本願海の海水」になり果てた、「大信心」の行者です。よりブッダに近い、この「海水」を転じて、「大宝海水」という紺碧の綺麗な海水になると、つまりブッダにまで高まる教えが親鸞の全容です。それが、信心の事例として現実の「いま」起こるのです。この直後に「転じ」の説明がされ、氷を水に氷解《ひょうかい》する意味だという。煩悩の氷が解けて、菩提（ブッダの心）の水となると教えます。つまり、煩悩から生まれた信心がブッダの心にまで昇華するのです。

この「一乗海」を読んで、気づいたのが『化巻《けかん》』の「三願転入《さんがんてんにゅう》」が同じだということです。アミダ仏が四十八種の願いを立てた中で、民衆が救われ極楽浄土に生まれる願いは、第十八、十九、二十願の「生因三願《しょういんさんがん》」といいます。これは、親鸞の信仰遍歴《しんこうへんれき》として注目されてきた有名な説明ですから、少しでも親鸞を読んだ人は知っていることです。「三願転入」とは、一番が第十九願の百パーセントの自力の行から、次が第二十願の念仏一筋ですが不完全な半信心で半他力の人です。最後に第十八願が、絶対他力の「信心」に昇華した人です。『行巻』の次に『信巻』が説かれ、一番に「大信心」の説明がされるから、第十八願の信心とは煩悩から生まれた私の信心が、大宝海水へと氷解した信心だと考えられます。

……この昇華した信心を、「たまわった信心」と親鸞は感謝したと考えます。このような崇高な信心を凡夫がどうして手に入れることができるのかが問題となりましょう。

信心の獲得

親鸞のいう信心は、「たまわった信心」という。ところが、信心を「獲得《ぎゃくとく》」すると多くいう。「獲得」という表現が、おそらく二十回以上出てくるでしょう。ところが、〝信心をいただく〟という学者が多いのですが、〝いただく〟という表現は一度もありません。『お手紙』に「たまわった信心」というのが、一回あります。「頂戴する」という表現が二、三度ありますが、これは信心を頂戴するではなく、浄土真宗全体を頂戴するという意味です。あくまで親鸞の信心は「獲得」です。

それを受けた蓮如は、「信をとる」といいました。「獲得」といえば、先に祈るような強い願望があったはずです。願望なくして獲得心は起こりません。では、与えられた信心をなぜ獲得しなければいけないのか。「信心獲得」が親鸞の教えでは、最も大切なことで『信巻』は「獲信《ぎゃくしん》」から始まります。

それおもんみれば、信楽《しんぎょう》を獲得《ぎゃくとく》することは、如来選択《にょらいせんじゃく》の願心《がんしん》より発起《ほっき》す。真心《しんしん》を開《かい》闡《せん》することは、大聖《だいしょう》（釈尊）矜哀《こうあい》の善巧《ぜんぎょう》より顕彰《けんしょう》せり。（『信巻』別序の巻頭文、本派二〇九頁、大派二一〇頁）

【私訳】

深く考えると、（第十八願の）信楽を獲得することは、アミダ仏の選び抜かれた願心によって生み起こる。真心を開き表すことは、シャカムニの哀れみによって、巧みに善に導くことによって顕彰される。

アミダ仏の本願に出会ったら、〝信心を獲得するぞ〟という強い思いが生み起こさせられ、これはシャカムニの哀れみの巧みな導きによって顕《あら》わされるという。つまり、「真心」はシャカムニにとっても、親鸞にとっても重要な信心の意味だと銘記してください。

では、「たまわった信心」をなぜ、獲得するのかという疑問です。ここをうまく説明した学者はいません。獲得した信心とは「真心」というから、「大信心・深信」の意味です。

いま、学者のほとんどが、信心は「いただく」「おまかせ」だとか、〝握ろうとする手を離せ〟というような説明ばかりです。これでは、「獲得」と逆の表現です。「獲得」とは自力のありったけを尽くし、死闘を尽くして手に入れ握りしめるものです。「おまかせ」といえば力むことなく、棚《たな》からぼた餅《もち》式に自分の努力を嫌う教えとなります。

相撲《すもう》に譬《たと》えると、優勝カップとか天皇杯とか各種団体のカップが与えられています。与えられた「カップ」を獲得するのです。すると、獲得の前に強い願望が必要です。願望なくして獲得はないからです。その願望とは、『行巻』の「志願」と想像できます。「一乗《いちじょう》海《かい》」や「三願転入《さんがんてんにゅう》」の一番の入門が、自力の現世祈り念仏だというから当然、強い願望を必要としていたのです。『信巻』の巻頭で「信心獲得」といえば、『信巻』の早い部分でその説明があるはずです。そこで見つかったのが、『行巻』の「破闇満願《はあんまんがん》」が再度説かれ、念仏を称えたが苦も願いも解決しないのはなぜかという質問です。

かの無碍光如来《むげこうにょらい》の名号《みょうごう》は、よく衆生《しゅじょう》の一切《いっさい》の無明《むみょう》を破《は》す、よく衆生の一切の志願《しがん》を満《み》てたまう。しかるに称名憶念《しょうみょうおくねん》することあれども、無明なお存《そん》して所願《しょがん》を満てざるはいかんとならば、実《じつ》のごとく修行《しゅぎょう》せざると、名義《みょうぎ》と相応《そうおう》せざるによるがゆえなり。

（『信巻』、『聖典』本派二一四頁、大谷派二一三〜二一四頁）

【私訳】

かのアミダ仏の名号は、よく衆生の一切の苦のもとを破り、よく衆生の一切の強い願いを満たしてくださるという。だから、私は称名念仏したのに、苦のもとがまだあり、願ったところのものが満たされないのはどうしてだろうかといえば、真実のブッダ同等の行を修める信心がなく、説明どおりにしないからだ。

この「破闇満願《はあんまんがん》」は曇鸞《どんらん》から引用した文です。曇鸞は「名号」に「破闇満願」する力量があるというが、親鸞は「念仏」によって「破闇満願」すると主張した。「志願」が「所願（願ったところの願い）」といわれますから、どのような願いでもいいのです。凡夫が願った「ところの願い」が叶《かな》わなかったのはなぜかという。この問いに対し、〝信心がない〟からと答えます。

この答えの後に「二不知三不信《にふちさんぷしん》（二つを知らず三つのことを信じないから）」というが、〝信心がない〟という意味になります。最後に「実のごとく修行せざる」という。「如実修行」

は信心の意味で、「如実修行相応《にょじつしゅぎょうそうおう》は／信心《しんじん》ひとつにさだめたり」（『曇鸞和讃』、『聖典』本派五八七頁。大谷派四九四頁）と、信心を「如実修行」だと何度もいいます。親鸞のいう信心は「如実修行」と切って離せない「一つ」といいますから、ブッダと同じ行為を実践する心が「信心」なのです。

「一乗海」の最終着で学んだように、アミダ仏と「一味」の実践をする心です。これは、信心が煩悩の塊《かたまり》の肉体をコントロールする司令塔《しれいとう》となって、煩悩力をブッダと同じ心の「菩提心」の実践をさせようとしていると考えてください。大乗仏教は「煩悩即菩提《ぼんのうそくぼだい》（煩悩がすなわちブッダの心）」が重要な教えだからです。

さて、〝念仏を称えたが、私の悩みや願望が満たされないのは、信心がないから〟と答えたのです。すると、次にどうしますか。いい加減な願望なら〝やめた〟と、頓挫《とんざ》するでしょう。強い願望であれば、〝では、信心を手に入れるにはどうしたらいいですか〟と質《しつ》するでしょう。そのとき、親鸞には待っていましたとばかり、〝念仏のいわれを聞くことです〟という答えが用意されています。〝聞くことが信心です〟は伝統的にもつねにいわれてきたことです。

……ここで〝信心を獲得するぞ〟という思いが生み起こされ、その願望が強ければ強いほど、獲得に力が込められます。

そして、本堂に多くの聴衆者が集まるという構図が見えてきます。利益追求欲が強ければ強いほど、煩悩が牽引力《けんいんりょく》になって聞法に熱が入ります。ところがいま、祈願を否定しますから、どこの本堂も散々たる聴衆です。これは「一乗海」の枯渇《こかつ》です。

信心がブッダになる

さて、信心獲得のために聴聞を続けて、教えられる信心とは「大信心・深信」です。信心がブッダになって、「利他」行するので「如実修行」というのです。この私の説に反論されることは「利他」の解釈です。伝統教学では「利他」のすべてといっていい、アミダ仏が私に「利他」行してくださった意味だと、「他力」の意味だと学ばせます。この伝統的解釈は国語がおかしいので、『化巻』の文から説明します。

一心《いっしん》について、深《じん》あり浅《せん》あり。深《じん》とは利他真実《りたしんじつ》の心《しん》これなり。浅《せん》とは定散自利《じょうさんじり》の心《しん》これなり。(『化巻』、本派三九三頁、大谷派三四〇頁)

【私訳】

信心には、深信と浅信があります。深信とは人のために尽くす真実の心なのです。浅信とは少しでも良いことをすればそれを鼻にかけて自分の利益ばかりを求める心のことです。

「一心」というのは「信心」のことで、深いと浅いがあるのです。「深い信心」とは、人のためにつくす「利他真実の心」です。「浅い信心」とは、自分の利益ばかりを求める「定散自利の心」です。「定散」とは、『観経』に定善《じょうぜん》・散善《さんぜん》といって、心を静め清めて善行するを「定善」といい、乱れた心で善行するを「散善」といいます。これらの善を鼻にかけて、その善行によって自分の利益を追求する信心が浅い信心だという。

昔の日本人の文章には主語がほとんどなく、誰が主体かわかりにくいのです。この文も主語がないので、伝統的には「利他の真実心」はアミダ仏の側、「自利の心」は私の側だと解釈してきました。つまり、一つの文章中の前後で、主語が違うというのです。譬《たと》えると、朝、お母さんが〝チャンとご飯を食べて、学校に行きなさいよ〟といったとします。これは誰にいったのでしょうか。普通は子供にいったと考えます。ところが〝違う〟のだと、前の〝ご飯を食べて〟はお父さんに、後の〝学校に行きなさい〟は子供にいったといえばどうでしょう。聞いた人はまったく理解できません。本を書く者がこんな間違いは決して犯しません。一つの文章では、主語は一つです。すると、後の「定散自利《じょうさんじり》の心」をアミダ仏の心といえば、自利追求の煩悩の心があるとなっておかしい。すると、全文が私の信心が主語です。私の信心が深いと利他行を実行する真実の心であり、浅いと自利ばかり求める信心だという意味になります。

そして、見逃してはいけないことは、信心に「浅い」と「深い」の区別があるということは、もとから「たまわった信心」ではなかったということです。私の浅い信心が《ふかまり》を受けて、人のために尽くす利他の信心に変容したと考えられます。

親鸞は「本願の三信（至心・信楽・欲生）」のすべてを、「利他」と形容します。「至心《ししん》（まことの心）」を「利他《りた》の真心《しんしん》・回向利益他《えこうりやくた》の真実心《しんじつしん》」といい、「信楽《しんぎょう》（信じ喜ぶ）」を「利他《りた》真実《しんじつ》の信心」といい、「欲生《よくしょう》（浄土に生まれたいと欲する）」を「利他《りた》真実《しんじつ》の欲生心《よくしょうしん》」という。これらはすべて、私の信心が利他行すると解釈すべきでした。「身」がブッダになるのではなく、ブッダを信じた心がブッダになるのです。

これは、『観経』に「是心作仏《ぜしんさぶつ》　是心是仏《ぜしんぜぶつ》（この心仏《ブッダ》と作《な》る、この心仏《ブッダ》なり）」といわれたことと一致します。それを受けて、『信巻』や『浄土文類聚鈔《じょうどもんるいじゅしょう》』にも、はっきり信心がブッダになると教えています。つまり、親鸞の提示する教えとは、愚かな凡夫から生まれた煩悩にまみれた信心をして、浄土往生させて煩悩を氷解しブッダにまで高め、浄土から還《かえ》る「還相《げんぞう》」によって、人のために尽くす利他行に挺身する信心の構築を目指していたのです。その信心を「深信」と呼び、また「大信心・真実信心・金剛心・真心」などと呼びます。この「深信」によって、「諸仏にひとしい」信者を増産し社会貢献しようとしていたのです。心に信じたことが肉体をコントロールして、心に思ったとおりに実働する身体となるのです。パウロがいう「私が生きるにあらず、神が私の中で生きる」の教えに酷似《こくじ》しています。親鸞どおりなら、人間の信心がブッダになると教え、神にはなれないキリスト教の隣人愛を凌駕《りょうが》した学びがあったのです。

ところが、いままでの伝統教学では、信心の説明より「身」の存在を考え、生きているときは〝往生が決定《けつじょう》したと、必ずブッダになるに決まった〟という、正定聚《しょうじょうしゅ》の位に入ったといい、利他行が実働しなかったのです。還相は、死後に浄土往生して、ブッダになって還ってくるとうそぶいたのです。この説明では、「横超《おうちょう》」が説明できないために、「横超」を除《さ》けて通ってきたのです。『唯信鈔文意《ゆいしんしょうもんい》』では「横超の信心」の説明で、往生してブッダになり、還相までを「横超」の中で説明しています。

……光明寺《こうみょうじ》の和尚《かしょう》はのたまえり。この一心《いっしん》は横超《おうちょう》の信心《しんじん》なり。……よろづの法にすぐれて、すみやかに疾《と》く生死海《しょうじかい》をこえて仏果《ぶっか》にいたるがゆえに超《ちょう》と申《もう》すなり。……金剛心《こんごうしん》となれり。これは『大経《だいきょう》』の本願の三信心《さんしんじん》なり。この真実信心《しんじつしんじん》を世親菩薩《せしんぼさつ》は、「願作仏心《がんさぶっしん》」とのたまえり。……この願作仏心はすなわち度衆生心《どしゅじょうしん》なり。この度衆生心と申すは、すなわち衆生をして生死《しょうじ》の大海《たいかい》をわたすこころなり。この信楽《しんぎょう》は衆生をして無上涅槃《むじょうねはん》にいたらしむる心《しん》なり。この心すなわち大菩提心《だいぼだいしん》なり、大慈大悲心《だいじだいひしん》なり。この信心《しんじん》すなわち仏性《ぶっしょう》なり、すなわち如来なり。（『聖典』本派七一一〜七一二頁、大谷派五五五頁）

【私訳】

……（中国の）光明寺の善導和尚がいわれた。この一心は横超の信心である。……色々の真理に優れて、速やかに素早くこの世の生死の海を超えて、ブッダまで到るから「超」という。……金剛心となる。これは『大経』の本願の三信心だ。この真実信心を天親ボサツは「ブッダになりたいと願う心」という。……この「ブッダになりたいと願う心」は「人々を救う心」である。この「人々を救う心」というは、すなわち人々をして生（老病）死のこの世の大海を渡す心である。この信楽は人々をして、この上ない（アミダ仏の）証りに到らせる心だ。この心はすなわち大菩提心であり、大いなる慈悲の心である。この信心はすなわちブッダの性質であり、すなわちブッダそのものなのだ。

親鸞は、現在只今、信心が往生・成仏して人々を救う還相を実働していると教えます。本願の「三信」とは、「生死海をこえて仏果にいたる」というから、信心は往生・成仏完了です。そして、ブッダとなったと厳命します。『尊号真像銘文』の最後にも、「生死の大海をやすくよこさまにこえて、無上涅槃《むじょうねはん》のさとりをひらくなり」（『尊号真像銘文』の最後）といいます。つまり、「横超」とは一気に、信心を往生・成仏・還相までのすべてを実体験した心だというのです。これが、次の『浄土和讃《じょうどわさん》』です。

信心《しんじん》よろこぶそのひとを／如来《にょらい》とひとしとときたまう／大信心《だいしんじん》は仏性《ぶっしょう》なり／仏性《ぶっしょう》すなわち如来《にょらい》なり（『浄土和讃』、『聖典』本派五七三頁、大谷派四八七頁）

【私訳】

信心を喜ぶ人は如来に等しい人と説かれる。大信心はブッダの性質であり、すなわち如来である。

この『和讃』から、「大信心」とは「即得往生《そくとくおうじょう》」や「横超《おうちょう》（一気に、この世の常識を超える）」の完了を信じた心だと学んでください。

大信心《だいしんじん》はすなはちこれ長生不死《ちょうせいふし》の神方《しんぽう》、欣浄厭穢《ごんじょうえんね》の妙術《みょうじゅつ》、選択回向《せんじゃくえこう》の直心《じきしん》、利他《りた》深広《じんこう》の信楽《しんぎょう》、金剛不壊《こんごうふえ》の真心《しんしん》、易往無人《いおうむにん》の浄信《じょうしん》、心光摂護《しんこうしょうご》の一心《いっしん》、希有最勝《けうさいしょう》の大信《だいしん》、世間難信《せけんなんしん》の捷径《せっけい》、証大涅槃《しょうだいねはん》の真因《しんいん》、極速円融《ごくそくえんにゅう》の白道《びゃくどう》、真如一実《しんにょいちじつ》の信海《しんかい》なり。（『信巻』、『聖典』本派二一一頁、大谷派二一一頁）

【私訳】

大いなる信心とは、すなわち長生きして死なない不思議な方法、浄土を喜んで願いこの世の穢土《えど》を厭《いと》う妙なる術、アミダ仏に選び抜かれ与えられた直心、人のために尽くす深くて広い信楽、金剛のように壊れない真実の心、往きやすいが人のいない清浄な信、心の光を取り込み護る一心、未曾有《みぞう》で最も優れた大いなる信、世間の常識では信じがたい近道、証りと大いなる涅槃になっていく真実の因、極速に円満に融合する闇を破った道、真理を真理たらしめる真実の信心海である。

「大信心」とは、ブッダと同じ心です。長生きして死なない、浄土を喜んで願いこの世を厭《いと》う心です。現世利益を祈らなくなるのは、この大信心を得てからです。アミダ仏から与えられた直心であり、人のために尽くす利他行の信心といえば如実修行の心です。証・大涅槃の「真因」とは、大信心が証・涅槃そのものになるのです。「因」が「果」になるのです。そして、「真如一実の信海」といえば、「一乗海」の最終目的の智慧と慈悲の完成した信心と考えられます。この大信心は「深信・金剛心・真心・浄信」と同義語です。

……この「大信心」を獲得したら、親鸞のいう《ふかまり》です。

この教えどおりに導くためには、まず煩悩の欲を満たすことが大切です。満たすことができなくても、アミダ仏が協力してくれたという、煩悩からの感謝が必要です。それが『現世利益和讃《げんせりやくわさん》』であり、『行巻』の三百五十カ所以上の現世利益群だと、念仏への感謝の心を引き出そうとしたと考えます。「大信心」は『涅槃経』から学びました。

一切衆生《いっさいしゅじょう》は、ついにさだめてまさに大信心《だいしんじん》を得《う》べきをもってのゆえに。このゆえに説《と》きて一切衆生悉有仏性《いっさいしゅじょうしつうぶっしょう》というなり。大信心はすなわちこれ仏性《ぶっしょう》なり。仏性はすなわちこれ如来なり。(『信巻』の「信楽釈」の『涅槃経』文、『聖典』本派二三六〜二三七頁、大谷派二二九頁)

【私訳】

一切の命ある者すべては、必ず大信心を得る。このゆえに、一切の命ある者はことごとくブッダの性質を持つという。大信心はブッダの性質である。ブッダの性質とはブッダそのものなのだ。

『涅槃経』で、「大信心・仏性・如来」は同義語です。伝統教学者もこの文の存在を知り抜いているが、「即得往生」との関連とは見ていないのです。死後にブッダになるという考えに陥《おちい》って、信心が「いま」ブッダになることが完了とは信じないのです。

・この心作仏《しんさぶつ》す。この心《しん》これ仏《ぶつ》なり。これを「如実修行相応《にょじつしゅぎょうそうおう》」(浄土論)と名づくるなり、知るべし。(『略文類』、『聖典』本派四九四頁、大谷派四一九頁)

・不行《ふぎょう》にして行《ぎょう》ずるを如実修行《にょじつしゅぎょう》と名《な》づく。(『証巻』、『聖典』本派三一八頁。大谷派二八八頁)

ブッダになれば、「如実修行」に相応な実働が起こるのです。親鸞は信心を常に「如実修行相応」ということに、こだわっていたと考える文がいっぱいあります。「如実修行」とは『証巻』から、ブッダと同じ行為の実働と考えるべきです。だから、「如来にひとし・諸仏にひとし」の実働が生まれないようでは卓上の論理に終わり、キリスト教の隣人愛に見劣りします。

この教学は、すでに学んできた親鸞当時の常識で〝タマシイが肉体を抜けて、飛び回る〟に照合《しょうごう》して、信心が現生に浄土往生したと考える方が時代考証に合致します。

『聖書』との酷似《こくじ》

この私の学びは、『聖書』に酷似した教えがあります。

・さて信仰とは、望んでいることがらを確認し、まだ見ていない事実を確認することである。……まだ約束のものは受けていなかったが、はるかにそれを望み見て喜び、そして、地上では旅人であり寄留者であることを、自ら言いあらわした。（『ヘブル人への手紙』、一一の一～一三）

・生きているのは、もはや、私ではない。キリストが、わたしのうちに生きておられるのである。（ガラテヤ、二の二〇）

これは、親鸞の「たまわった信心」に酷似しています。ところで、パウロのいい方は〝キリストが私のうちに生きる〟というから私ではないと逃げられるが、親鸞のいい方は私の信心がブッダになったというから逃げようがないのです。ところが、いまの真宗は〝どうせ私は凡夫ですから、悪人ですから〟と逃げてばかりで、親鸞の教えどおりの利他行（如実修行）が実行されていないのです。

……この差は、なんだといいたい。

これは、入門に問題があると考えます。入門で悪人の自覚を先に要求する現在の真宗学がおかしいのです。悪人の自覚は深信の領域に入ってからです。深信の呼びかけを聞き入れないわが身を、初めて「悪人」と自覚するのです。

直参の親鸞入門では、まず現世利益を強く願わせ、それによってアミダ仏に強い関心を持たせ、煩悩に喜びと感謝をもたせる教えでした。そのわが身の煩悩が、「ブッダにひとし」の深信へと氷解すれば、煩悩力が牽引力となって、《ふかまり》へ導き「如実修行」するのです。かくて、この世の幸せを祈るような愚かな人間をして、ブッダにまで高め人のために尽くさせることが本願の成功です。現世を願わさない祈らせない、いまの真宗では川水が乾ききってしまい、大宝海が枯渇《こかつ》しているのです。信心が深くなると、その宗教の最高の方に似てきます。オウムを深く信じたら、麻原彰晃《あさはらしょうこう》に似てくるのです。似てこなければ、信心がないか間違った教えを信じさせられているかのどちらかです。親鸞は善導の文を引いて、アミダ仏に似てくると教えます。

深信するもの、仰《あお》ぎ願《ねが》わくば一切《いっさい》の行者等《ぎょうじゃとう》、一心《いっしん》にただ仏語《ぶつご》を信《しん》じて身命《しんみょう》を顧《かえり》みず、決定《けつじょう》して行《ぎょう》によりて、仏《ぶつ》の捨《す》てしめたまうをばすなわち捨て、仏の行《ぎょう》ぜしめたまうをばすなわち行ず。仏の去《さ》らしめたまう処《ところ》をばすなわち去《す》つ。これを仏教《ぶっきょう》に随順《ずいじゅん》し、仏意《ぶつい》に随順すと名づく。これを仏願《ぶつがん》に随順すと名づく。これを真《しん》の仏弟子《ぶつでし》と名づく。

（『信巻』上と『愚禿鈔』下、本派二一八頁と五二三頁、大派二一六頁と四四一頁）

【私訳】

深く信じる者、仰ぎ願うことは、一切の行者ら、一心にただブッダの言葉を信じて命懸けで、決定して実践によりブッダの捨てるものを捨て、ブッダの行うことを行う。ブッダの去ろうとする所を去る。これを仏教に随順し、ブッダの心に随順すると名づける。これをブッダの願いに随順すると名づける。これを真実の仏弟子と名づけるのである。

深信者は、アミダ仏と同じことをしたいと考えるようになるのです。この心が生まれた人が念仏の行者です。『聖書』にも同じ教えがあります。

・もし、人が信心深い者だと自任《じにん》しながら、舌を制《せい》することをせず、自分の心を欺《あざむ》いているならば、その人の信心はむなしいのである。父なる神のみまえに清く汚《けが》れのない信心とは、困っている孤児や、やもめを見舞い、自らは世の汚れに染まずに、身を清く保つことにほかならない。〈ヤコブ、一の二六～二七〉

・あなたがたは敵を愛し人によくしてやり、また何も当てにしないで貸《か》してやれ。そうすれば、受ける報《むく》いは大きくあなたがたはいと高き者の子となるであろう。いと高き者は、恩を知らぬ者にも悪人にも、なさけ深いからである。あなたの父なる神が慈悲深いように、あなたがたも慈悲深い者となれ。〈ルカ、六の三五～三六〉

東西の宗教が、深い信者になればその宗教の最高の方に似て、利他行（隣人愛）を実行するようになると教えます。かくて、教皇が仏教は「神に近づけるか」と批判したことに答えたのが親鸞の教えでした。

ところが、いまの仏教者はボロを着て、伝道の旅に明け暮れたシャカムニに似ていないのです。真宗人もアミダ仏や親鸞に似ていないから、オウムを笑えないのです。これは、教えが歪められているという現証です。オウムも仏教だというなら、武器を作りサリンを撒《ま》いたということがおかしいのです。シャカムニは「仏教者は武器を作らない、武器を売る商人ともつきあわない」というから、このシャカムニに似てこなければいけないのです。深信したが最高の方に似てこないといえば、それは信心がないか、または間違った教えが跋扈《ばっこ》しているということになるのです。

信心とは、自己催眠による自己改革の一種だといえます。たとえば、病気を治すということを信じさせ、少しでも治ると大きな喜びと感謝を起こし、その宗教の最高の方に似てきて社会貢献をする信者を生むのです。いま、真宗は病気治癒《ちゆ》の願いを否定しますから感謝の気持ちが弱いので、《ふかまり》の牽引力にパワーを送り込みことができず、社会貢献できにくい宗教へと歪められているというのが自説です。

ここで読者が、私の宗教観を実存主義と考えるでしょう。確かに、私が出会ってきた色々の人で、関心を持った人たちは現実を大切にする人々でした。「現証」という、現実の証明を重んじることが筆頭です。私が親鸞を百回近く読んだころから、親鸞は死後の浄土往生を皆無《かいむ》とはいえないが、ほとんど願ってはいなかったという感触を味わったのです。もちろん、死後往生の文章が『お手紙』などに何度か書かれていますが、これは手紙ですから一般人に合わせて書かれた文章であって、本心は「いま、現在」の即得往生を一番に大切にしています。アミダ仏の全体を、現生の命の内に感じ取ったという感覚です。

そのような感触に浸《ひた》っている頃、吉本隆明《よしもとたかあき》氏の『最後の親鸞』に出会いました。「死んでしまったら、自分が死んだとさえわからない。すると、死後の浄土往生といっても実感はないでしょう。死を自覚できるのは、「いま」です。浄土も成仏も、生きているいまの私にとってどうなのかと考えることだけが、真実の浄土の存在を証明できることです」という意味が書かれていたのです。この考えに深く共鳴せざるをえなかった。吉本氏は『教行信証《きょうぎょうしんしょう》』を読んでの結論ではなく、戦後に流行した実存主義からの見方でしょう。私は親鸞を二百回ほど読んだころからは、七高僧たちはそれがわかっていたという確信を持つようになりました。ところが、他の祖師たちはほとんど理解できなかったと、親鸞の七祖選別《ひちそせんべつ》がそこにあると仄《ほの》かに感じました。

私が学んできたこの教えは、伝統教学と真っ向から不協和音が起こるでしょう。しかし、私が親鸞を四百回近く読んだ結論です。いままでの学びを根底から覆すような違いがあるのです。これは次回に、バルトからの批判に答える中で詳しく学んでいただきたいのですが、いまは順列がムチャクチャだといいたい。そのためにいまだに、はっきり結論できない多くの謎が親鸞理解にはあるのです。

・親鸞は『現世利益和讃』を書かれた。ところが、病気が治るなどの現世利益追求はダメとなぜいうか。そのために民衆が念仏を称《とな》えなくなった。
・親鸞は苦悩者が一番に救われるという。ところが、なぜ悪人が一番に救われるというのか。そのために利他行は削《そ》ぎ落とされた。
・『略文類』の巻頭で「苦《く》を滅《めつ》し、楽《らく》を証《しょう》す」というのに、なぜ悪人が一番だというか。そのために人間側の度量と可能性が削除され、苦悩者が見捨てられている。
・『行巻』の最初に「一切の苦（無明）が解決し、一切の志願《しがん》が満たされる」といいながら、なぜ「おまかせ」が一番だというか。そのために民衆は念仏を求めなくなった。

・「一切の志願」といいながら、なぜ「志願」は浄土往生願いだけというか。そのために、煩悩が念仏を求めないから、煩悩力を宗教パワーに氷解できなくされた。

・「無義為義《むぎいぎ》」は信後だといいながら、なぜ「おまかせ」が一番の入門だというか。そのために信心「獲得」が遠のいた。

・「大乗中の大乗」とは、悪人が善人に氷解する教えである。悪人優先で私からの利他行が削ぎ落とされ、社会に改革、貢献ができず苦悩から救われなくされた。

・念仏は善悪、男女、老若を選ばないといいながら、現世利益願いだけはダメとなぜいうか。そのために、最後に現益で苦悩者のために尽くす信者が否定された。

・西本願寺では、念仏は「行」だと知りながら、信心だけで救われるという。そのために、東本願寺は社会改革を目指そうとしているが、西本願寺では黙殺されている。

・親鸞は「横超《おうちょう》」で、生きているいまブッダになったと教えるのに、死んでからブッダになると教える。そのために、「ブッダにひとし」の利他行に宗教パワーを失っている。

・「煩悩《ぼんのう》を断《た》ち切らずして涅槃《ねはん》（さとり）を得る」という。煩悩があるときだから、涅槃はいまだと理解すべきなのに、「証《さと》り」は現実といわれない。そのために、信者の社会貢献が起こらず魅力を失っている。

などなどの多くの疑団が残っています。私の説になれば、これらの疑団の解決がつきます。教団の問題である、《ひろまり》も解決がつきます。

悪人の自覚

常々、……親鸞が〝私は悪人〟といったのはなぜでしょうか。私の信心がブッダになったといえば、〝私は悪人〟という自覚が矛盾するだろうといえます。

信心はブッダと同じ利他行をしたいと「身」に呼びかけるが、肉体の煩悩が拒絶し邪魔をします。このとき、「私は悪人」という自覚が自然に生まれるのです。これを「機の深信」といいます。「深信」といいますから、利他行する信心によって起こる罪悪感です。つまり、「大信心」に入った人の自覚ですから、《ふかまり》の最後です。

「大信心は利他深広の信楽」といいます。この大信心が利他行したいと呼びかけるが、〝いやだ〟と拒絶するのが、肉体の心（煩悩）です。これが「機の深信」です。

〝私が悪人〟という自覚を伝統的には入門から強要してきました。深信が肉体に利他行の実働を呼びかけるが、肉体は煩悩の塊《かたまり》ですから、深信に反逆するので「自利ばかりを求める私」という自覚が起こるのです。このときに生まれた自覚が〝私は悪人〟という自覚です。つまり、深信という《ふかまり》によって生まれるのが「機の深信」です。

親鸞は『愚禿鈔《ぐとくしょう》』の「七深信」で「機の深信」に当たる自覚を、「自利の深信」と呼んでいます。因みに「法の深信」を「利他の深信」と呼びます。すでに学んだように、「深信」とはブッダと同じ利他の心ですから、深信の邪魔をしたときに〝私は悪人〟という自覚が自然に生まれます。

つまり、「大信心」という利他の信心に、「煩悩罪濁《ぼんのうざいじょく》のわが身《み》」は利他行などしたくないのですから抵抗します。『正信偈《しょうしんげ》』には、「真実信心」を太陽に譬《たと》え、肉体の煩悩が「雲・霧」となって邪魔をすると教えます。そのとき初めて、〝私は悪人〟だったという自覚が生まれるのです。でも、「雲・霧」の下に闇がないように、深信者の利他行は必ず僅《わず》かでも届けられ苦悩者を助けます。助けないとすれば、信心がないからということになります。

親鸞の自力と他力の分水嶺は、利他行をするかしないかです。

もし、私の成仏は死後だと信じた人は、自力往生・諸行往生《しょぎょうおうじょう》の自力の行者と嫌われたのです。それは、『化巻』の自力の表現を読めば一目瞭然です。「臨終現前《りんじゅげんぜん》（臨終にブッダたちが前に現れる）・現前導生《げんぜんどうしょう》（眼現にブッダたちが現れ浄土往生を導く）・来迎引接《らいごういんじょう》（死に臨んで来迎して引き導く）の願《がん》」とか「係念定生《けねんじょうしょう》（生まれることに定まったところに心を係ける）・不果《ふか》遂者《すいしゃ》（往生を果たし遂げたいの思いになる）の願《がん》」などという。また、「欣慕浄土《ごんぼじょうど》（浄土を恋慕する）の善根《ぜんごん》・臨終《りんじゅう》を待《ま》つ・来迎《らいごう》をたのむ」という表現はすべて死後の往生を願う人の心理状態で、これらを「諸機《しょき》の三心《さんしん》は自利各別《じりかくべつ》にして、利他《りた》の一心《いっしん》にあらず」（『化巻』本）と嫌われます。自力の人たちは、自分の利益ばかりを求めて、修行によって利益の深さが別々です。人のために尽くす、「利他の一心にあらず」と現実に利他の心がないことを嫌います。これらすべては、死後往生を信じると利他の心が生まれないという批判です。親鸞がいかに死後の利他行を嫌っていたかが伺えます。なのに、いまの教学は死後成仏と教えます。確かに、肉体が存在する間は、煩悩があるのですから自利追求の心が残ります。だから、「虚仮不実《こけふじつ》のわが身《み》」とか「小慈小悲《しょうじしょうひ》もなき身《み》にて」と、「身」はダメな存在だが深信を大切に生きなさいと教えるのです。親鸞は神秘主義でもあり、特に実存主義者だったでしょう。

一九九〇年（平成二年）、この私の論考が公になり、かなりの学者に読まれました。東方学院創設者・中村元博士が、『東方』第六号で「極楽浄土はいつ生まれるか」の原稿に採用してくださったお陰です。その発端は、西本願寺から中村先生監修の『岩波仏教辞典』に「不適当かつ誤った表現」という批判と共に、削除を求める要望書が岩波書店に送付されました。同『辞典』の【親鸞《しんらん》】の項目に「他力信心による現世での往生を説き」とあり、【『教行信証《きょうぎょうしんしょう》』】の項目に「この世での往生成仏を説いた」との二カ所への訂正でした。私が驚いたことは、この『辞典』の執筆者の中に現世で成仏するという説を持っている方がいたということでした。この西本願寺の批判に対して、地方新聞社にまで多くの西本願寺への反論が投稿された。

後日、本願寺発行の『宗報』で、訂正《ていせい》を要望《ようぼう》する龍谷大学内藤知康《ないとうちこう》教授の「論文（題名の横に未完成と書かれている）」が記載《きさい》され、私は本旨《ほんし》を知った。そこで、本願寺側の間違いだという小論を岩波書店に送付した。そのときに『辞典』にも不備を感じ、「この世」を「現生」と変更するべきと要望した。「この世」で成仏するといえば、浄土が必要なくなり親鸞に抵触するという内容です。この小論をかなりの人が読んでくださいました。

岩波書店の本願寺への対応は、「首肯《しゅこう》できない」がそのような反対意見もあることを考え、両者の説明を並列して記述するという答えで納められた。すると、またまた本願寺がおかしいのだから、列記は必要ないという投稿が多く寄せられた。それから二十年以上が経過したが、多くの文証があるにもかかわらず、本願寺はいまでも修正していません。

私もこのことについて、本を出版したり論文などで訴えてきましたが、梨《なし》のツブテです。詳しくは、拙著《せっちょ》『ポストモダン親鸞論』、第四巻、『ふかまる横超』八頁。（国書刊行会。一九九五年五月三〇日発行）や拙著『反差別の教学』八五頁（永田文昌堂。一九九六年五月一日発行）や論文『東方』二二号、一九八頁【続 親鸞の「利他」の思想――『信巻』と『証巻』のめざした「利他」】――（東方学院発行）などを参照ください。

大阪の稲城選恵・勧学職など一部の真面目な教学者は、〃困った問題が出てきた〃と大分県や香川県で講演されたようです。大分県からは八人ほどの若い教学者が、自坊を訪ねてきて組内での仏教講演の依頼を受けたり、茨城県の真宗教団連合からは二日間の研修会の講師に呼ばれたりした。最近、ひとり西本願寺の大谷光真《おおたにこうしん》門主だけが現状を嘆き、「死ぬに死にきれない」と悲嘆し、首都圏開教を目指そうとしています。そして、〃いままでの教学を車に譬え、エンジンがない車であって、まったく前に進んでいません。これからは、エンジンにあたる勉強をしてください〃と憤懣《ふんまん》やるかたない心境を訴えました。西本願寺の門人は、この門主について行けば浄土の門に近づくといえるでしょう。

「おまかせ」の誤解

いまは、入門から〝私は悪人〟の自覚を要求し、「おまかせ」をお仕着《しき》せています。「おまかせ」を説き願わさなければ、煩悩が満足しませんから、感謝も尊敬も生まれにくいのです。親のいうことを聞きなさい、親が子供のことを一番考えているのだと、強要してきた日本の若者がひ弱で自立性を失い、未来のことを大切に考えない人間を量産しているのと同じです。親鸞がいおうとした「おまかせ」は、深信のあとの要求です。

・「横《おう》」はよこさまという、如来《にょらい》の願力《がんりき》なり、他力《たりき》を申《もう》すなり、「超《ちょう》」はこえてという、生死《しょうじ》の大海《だいかい》をやすくよこさまに超《こ》えて無上大涅槃《むじょうだいねはん》のさとりをひらくなり。信心《しんじん》を浄《じょう》土宗《どしゅう》の正意《しょうい》としるべきなり。このこころをえつれば、「他力《たりき》には義《ぎ》のなきをもって義《ぎ》とす」と、本師聖人《ほんししょうにん》(法然)の仰《おお》せごとなり。「義《ぎ》」というは行者《ぎょうじゃ》のおのおののはからうこころなり。このゆえにおのおののはからうこころをもったるほどをば自力《じりき》というなり。よくよくこの自力《じりき》のようをこころうべしとなり。(『尊号真像銘文』の最後、『聖

典』本派六七三〜六七四頁、大谷派五三二〜五三三頁）

【私訳】

「横」は一気という意味で、アミダ仏の願力であり他力の意味である。「超」は超えるという意味で、生死の大海をやすく一気に超えて、無上大涅槃のさとりを開く。信心を浄土宗の正しい主意と銘記しなさい。この心を得たならば「他力とは義なきをもって義とする」と師の法然聖人のおっしゃられたことである。「義」とは行者が自ら計らう心である。このゆえに自らが計らう心を持っていることを先行すると自力という。よくよく自力では救われないと心得ておきなさい。

・他力《たりき》と申《もう》すは行者《ぎょうじゃ》のはからいのちりばかりもいらぬなり。かるがゆえに義《ぎ》なきを義《ぎ》とすと申《もう》すなり。このほかにまた申《もう》すべきことなし、ただ仏《ぶつ》にまかせまいらせたまえと、大師聖人《だいししょうにん》（法然）のみことにて候《そうら》え。（『御消息集』（善性本）、『聖典』本派七九八頁、大谷派五九三頁）

【私訳】

他力というのは、念仏の行者の計らい心がチリばかりもいらないということだ。だから、人間に要求される正しい道理などないということが正しい道理という。

この他にいうことはなく、ただブッダにおまかせしなさいというのが法然聖人の教えなのである。

・弥陀仏《みだぶつ》は自然《じねん》のようをしらせん料《りょう》なり。この道理《どうり》をこころえつるのちには、この自然のことは、つねにさたすべきにはあらざるなり。つねに自然をさたせば、義《ぎ》なきを義とすということは、なほ義のあるべし。（『正像末和讃』自然法爾章、『聖典』本派六二二頁、大谷派五一一頁）

【私訳】

アミダ仏は自然の要《かなめ》を知らせようとした糧《かて》である。この道理を心得たのちには、この自然のことをつねに思案するべきことではない。つねに自然を思索したならば、道理なきが道理だということは、なお道理があることになる。

これらの文から、「無義為義《むぎいぎ》（義なきを義とする）」が「おまかせ」という意味であり「自然法爾」も同じ意味だと判断できます。「横超」の後に「おまかせ」だという。「このこころをえつれば」といいますから、「横超」によって信心がブッダになったあと、ブッダと同じ実践をしようとするとき、「身」の煩悩が深信の邪魔をするから、自力を捨てて「おまかせ」というのです。つまり、親鸞はあくまで、利他行をさせようとの配慮が「おまかせ」だった。ところが、今の真宗は入門から「おまかせ」を要求しています。これは禅宗の影響と考えます。

わが身心《しんしん》を一物《いちもつ》ものこさず放下《ほうげ》して、仏法《ぶっぽう》の大海《たいかい》に回向《えこう》すべきなり。……ただ一たび仏道《ぶつどう》に回向しつるうえは、二たび自己《じこ》をかえりみず、仏法のおきてに任《まか》せて行《ぎょう》じゅきて、私曲《しきょく》を存《そん》ずることなかれ。（『正法眼蔵随聞記』六）

【私訳】
私の身心を一つも残さず投げ捨てて、ブッダの法の海に与え切るべきである。……ただひと度、仏道に与え切った上には、再び自分（利益）のことを返り見ず、仏法の掟に「おまかせ」して利他行を実践してゆき、自己中心の心を起こしてはいけない。

道元（一二〇〇〜一二五三）は、自分をすべて投げ捨て、仏法に「おまかせ」と教えます。禅は「直指人心《じきしじんしん》　見性成仏《けんしょうじょうぶつ》」（直ちに人の本性を指し、正しく見る心がブッダとなる）の教えですから、入門から一気に証りを求めます。このやり方は、聖者でなければ入門できないので、親鸞は聖道門と呼んだ。

例えば、一面識もなく出会った人に、いきなり〝あなたの財布を、私にお任せください〟といわれ、任せられるでしょうか。これができたら、聖者です。ではどうしたら財布を任せることができるのでしょうか。親鸞のいい方は、深い信頼関係が生まれ、結婚でもして一つになったときに「おまかせ」ができると、「浅信」から「深信」の《ふかまり》に入って「証り」を得て利他行をしようとしたとき、「このこころをえつれば、他力には義のなきをもって義とす」（『尊号真像銘文』、『聖典』本派六七三頁。大谷派五三二頁）と要求しているのです。

真実信心が、苦しんでいる人を救ってあげなさいと「身」に利他行を呼びかけたとき、身の煩悩が邪魔をします。ここで「身」の自力を捨て、「おまかせ」しなさいと要求したので、親鸞のいう他力とは、私をして「利他行」させようということに主眼があったのです。

ところがいま、西本願寺の安心（信心）の骨髄《こつずい》は「捨機託法《しゃきたくほう》」（機を捨て法に託す）と、自分を捨ててアミダ仏の法に託しなさいと教えます。東本願寺の清澤満之《きよざわまんし》も「自己とは他《た》にあらず、絶対妙用《ぜったいみょうゆう》に法爾《ほうに》に乗託《じょうたく》して、いかなる境遇《きょうぐう》に落在《らくさい》するもの」という。これはどちらも自分を捨てて、「おまかせ」を要求した禅の教えで、真宗が禅化しているのです。親鸞が嫌った、自力に陥《おちい》っています。親鸞の説かれた入門の一番は、〝苦が解決し、願いを満たす〟という「破闇満願」の念仏です。順列がムチャクチャになったのは、一向一揆《いっこういっき》の敗退以後に歪められたと考えます。「タマシイ」観の相違などを考慮して、幕藩体制下に禅宗が仏教界を支配した時期があったと想像します。

凡夫が救われる教えとは、凡夫が喜ぶ教えでなければいけません。親鸞は「凡夫直入」とはいうが、条件として浄土往生が必要ですから段階的に導く教えです。この条件を抜きにして、一気に《ふかまり》を求めるとバランスの順列が崩れ、親鸞の目指した「大宝海水」には入れないのです。

二　偶像崇拝《ぐうぞうすうはい》とは――形なきゆえによく形をあらわす

仏像の起こり

お寺に行けば、必ず正面に仏像があり、それが大切に拝まれています。そして、門には仁王像《におうぞう》や境内《けいだい》にはその宗教を開いた開祖《かいそ》や色々の像が建てられています。これに対して、一神教（ユダヤ教・キリスト教・イスラム教）から仏教は偶像崇拝者だと批判をされます。

あなたはわたしのほかに、なにものをも神としてはならない。あなたは自分のために、刻んだ像を造ってはならない。上は天にあるもの、下は地にあるもの、また地の下の水のなかにあるものの、どんな形をも造ってはならない。それにひれ伏してはならない。それに仕《つか》えてはならない。あなたの神、主であるわたしは、ねたむ神であるから、わたしが憎むものには、父の罪を子に報いて、三、四代に及ぼし、わたしを愛し、わたしの戒《いまし》めを守るものには、恵みをほどこして、千代に至るであろう。（『出エジプ

ト記』二〇の三節〜六節）

ヤハウェイの神は「ねたむ神」であった、神以外を崇《あが》めてはいけないという。神とは目に見えない方なのに、像を造るというのは正しい神を表現していないというわけです。そのようなものを拝む者は、三、四代の子孫《しそん》までに神のタタリが降《ふ》りかかり、神のいうことを守る者は未来永劫《ようごう》に祝福が与えられるという。

古代ギリシャでは、ギリシャ神話に登場する神々を刻み、崇めていたのです。ミロのビーナスなど、有名な彫刻群が存在します。これらの像を排斥《はいせき》したのが、この『旧約聖書』の文です。壊《こわ》された神々の像が、海などからたくさん見つかっています。バーミヤーンの大仏なども、もともと顔が壊されていましたが、タリバンによって全身が爆破され粉々に壊されました。

……では、仏教にはなぜ仏像が生まれ、これを拝んできたのでしょうか。

初期の仏教徒は、シャカムニのお骨を安置したストゥーパ（仏塔）を拝んでいました。お骨のない場所では足の裏を石に刻んで、ブッダの足の印《しるし》である法輪《ほうりん》のマークを真ん中に彫《ほ》り、この石の上にブッダがいると考え、「仏足石《ぶっそくせき》」と呼んでいまも多く残っています。インドの最高の挨拶は、相手の足元にひざまずき、足の裏を自分の額に当てるのです。

これは、いまは足の甲に両手を乗せて、その上に額を当てているようです。この挨拶に合わせて、仏足石に額を当てて拝みます。「仏足頂礼《ぶっそくちょうらい》」といい、『お経』に出てきます。

『聖書』にも、尊敬する人の足を洗い、油を塗《ぬ》る話が出てきます。昔は、素足か粗末な草履《ぞうり》で歩いていた。全身を支え、全身を運ぶ足を尊いと考えたのでしょう。家に入って床に上がる前には、かならず足を洗っていたのです。そして、ひび割れもでき、ばい菌が入って歩けなくなったら大変だから、油を塗り大切にされていたのは、洋の東西で共通だったようです。

仏教の歴史で仏像が現れたのは、紀元前二世紀後半にインドを征服したギリシャのミリンダ王（メナンドロス王）が仏教信者となって、仏像を作ったといわれます。ミリンダ王は、インドには仏教という宗教が、民衆の心をつかんでいることを知りました。王はギリシャ哲学を学んだインテリでした。王も仏教を学び多くの疑問を感じ、仏教学者を呼び寄せました。選ばれた高僧がナーガセーナで、ギリシャ哲学と仏教の討論が行われたのです。王から質問された内容が二百ほどあり、その問答を記録した本が『ミリンダ王問経《おうもんきょう》』（『那先《なせん》比丘経《びくきょう》』＝『ミリンダパンハ』）です。

この討論によって、ミリンダ王は仏教の信者になりました。そして、ギリシャの彫刻家を呼び寄せ、仏像を彫らせたのです。その場所がガンダーラです。そして、ガンダーラ仏像群が生まれ、バーミヤーンの大仏もその流れから出てきた国家事業としての仏像でした。

神影《しんえい》との比較

これらの仏像に対して、神の像を禁止した『旧約聖書』からは〝偶像崇拝《ぐうぞうすうはい》〟と批判されてきました。私は、若いときからキリスト教に関心を持っていましたから、京都に行ってからもときどき教会に行っていました。都会の教会では、どのようなことをいい、どのようなことをさせるのか好奇心を持っていました。あるプロテスタント系の教会の集会で、何くわぬ顔をして座っていました。すると、牧師さんがスライドで仏像を映し、〝日本人はこのような低級なものを拝んできたのです〟と強烈な批判をまくし立て、何か気恥ずかしくて坊主の来るところではないなと思うようになりました。

……この対応によって、キリスト教の「無」と仏教の「空」の違いが理解できましょう。神やブッダには、形が「無い」のです。ブッダで形をもっていたのは、シャカムニだけです。真宗でも、アミダ仏は法界身《ほっかいしん》（真理の身）であって形を持っていないのです。法界とは、現代人には霊界の身といえばわかりやすいでしょう。本当のブッダを法性法身《ほっしょうほっしん》といい、真理の身と教え、親鸞は「いろもなし、かたちもましまさず。しかれば、こころもおよばれず。ことばもたえたり」（『唯信鈔文意』、『聖典』本派七〇九～七一〇頁。大谷派五五四頁）といい、ブッダは人間の感覚では一切、捉《おさ》えられないといわれます。

そのブッダが、人間を救うために人間世界に降《お》りて、変身して誰の目にも見えるブッダとなることを方便法身《ほうべんほっしん》といいます。そして、私を救うために必要な形となって現れたブッダを、応現《おうげん》のブッダで私だけのための形ということになります。シャカムニなどは自分の修行で得た身ですから、報身《ほうじん》といいます。人のために尽くす身を応身《おうじん》とか化身《けしん》と呼ばれています。ブッダの教えを伝えるために、神やボサツが姿を変えて現れることを権化《ごんげ》とか権《ごん》現《げん》といいます。

これをキリスト教にあてると、天にいます神は法性法身です。イエスは神が変身してこの地上に出てきたのなら、方便法身と呼ぶのですがイエスは神の子であって、神そのものではないようですから権化とか権現と呼ぶべきでしょう。神そのものが降臨《こうりん》してきた応身とか化身とも違っているようです。神からの啓示は、応身に近いといえるでしょう。

仏教では人間の目には見えないブッダを仏像に作り、花を供えたのです。中国に入り儒教の影響を受けて、食事やお菓子など供え物をして拝むようになりました。これが、キリスト教からは〝偶像崇拝《ぐうぞうすうはい》〟と批判されました。たしかにプロテスタント系のキリスト教会では、十字架と正面の机には『聖書』が置かれているだけであったのが印象《いんしょう》的でした。教会そのものを神と考えますが、この十字架が仏教の仏像にあたり象徴《しょうちょう》を現しているように感じました。

ところが、カトリックではマリア像や十字に架《か》けられた痩《や》せたイエス像があり、壁や天上には壁画《へきが》がところ狭《せま》しと描《えが》かれています。そして、ステンドグラスには『聖書』の物語などが描かれているので、仏教に近いのです。カトリックでは、それらの像に十字を切って拝んではいますが、挨拶程度であって、あくまでその像をとおして神を拝んでいるといいます。

とくに偶像を排斥《はいせき》するのが、イスラム教でしょう。イスラム教の盛んなシルクロードなどでは、仏像のほとんどが壊《こわ》されています。中国の仏教の残っているところでは、仏像は美しい姿をとどめていますが、イスラム圏では仏像は壊されているので、とくにイスラム教徒は像を嫌ったようです。

私がシルクロードを巡り、イスラム教のモスクに入ってみると、そこには一切の像がなく、正面の壁がつまりメッカの方向にある壁ですが、「アラーは偉大である」とか「アラーのほかに神はいない」という意味の言葉が大きなアラビア文字で直接書かれているだけでした。そして、モスクの中だけでなく、モスクの周りや村の中にも人物像さえ見かけませんでした。イラクがフセインの像を建てたのは、たぶん珍しいことでしょう。

神の像を作らないのは、モーゼの十戒の第二句にも偶像が禁止されているからでしょう。ギリシャ神話の宗教への反動でしょう。それらの宗教よりあとに生まれてきた宗教が、いままでの既成概念《きせいがいねん》を壊して新しい考えを植えつけようとしたためでないかと思います。

日本の一番古い宗教は、縄文《じょうもん》時代の宗教ですが、形にとらわれた形跡は残っていないようです。多分、自然を拝んでいたのではないでしょうか。ところが、弥生時代にはお墓から埴輪《はにわ》などが出土してきますから、人間特有の形にとらわれる心から生まれたのでしょう。これは世界共通ではないでしょうか。

南米でも、マヤ文明よりもはるかに古く、オルメカ文明のオルメカヘッドがメキシコ中部湾岸《わんがん》で十六体ほど発見されています。何のために造られたかは不明ですが、人間の頭の像が造られていたのです。エジプト、メソポタミヤ、インダス、中国など、文明の栄えたところでは、みな像を造って拝んでいたのですから、『旧約聖書』の考えは世界中と衝突する考えであって問題です。

旧約聖書からいえば神、仏像などを壊す、この行動は神への忠誠心から起こったといえます。しかし、仏教の「空」の思想からいえば、とんでもないトバッチリであって、誤解もはなはだしいのです。「ねたみ」の考えからは、平和は構築できないばかりか戦争の増産でしょう。他者がひれ伏して拝むほど大切にしているものを、「ねたむ」という感情論で排斥するということは、この『聖書』を絶対正しいと考えるほうに問題があるのです。

形なき形

では、……仏教は偶像崇拝の批判に対し、どのように答えているのでしょうか。

存覚《ぞんかく》（一二九〇〜一三七三）は、「ブッダを慕《した》う思いが強いため、図画し彫刻した」といわれています。キリスト教から真宗に回心された、河村とし子・元萩女大副学長は、〝恋をすると相手の写真を身につけ、何よりも大切にするようなものだ〟と説明しています。命がけで信仰すれば、当然、何か人間にわかりやすい形にして大切にすることは自然な行為でしょう。親鸞《しんらん》に強く影響した曇鸞《どんらん》が『論註《ろんちゅう》』という本で明快に答えています。

法身《ほっしん》は像《かたち》なくして殊形並《しゅぎょうなら》び応じ、至韻《しいん》は言《ことば》なくして玄籍弘《げんせきひろ》く布《し》けり。（『往生論註』、

本派『聖典』七祖篇注釈版一三八頁）

【私訳】

ブッダの身は無相であって、一定の形にとらわれず、どのような形にもなり応じる。ブッダの説法の声は言葉を失いながらも、幽玄なる経典は広く行きわたる。

これを解釈して、〝形なきゆえに、よく形をあらわし、真理は言葉なくして言葉で伝える〟といいます。形がないから、どんな形にもなれるという意味です。私には私という形があるために、私以外の形になれないのです。人の真似はできますが、形を変えることはできないのです。譬《たと》えてみると、水には形がありません。四角い器に入れれば四角になり、三角にも丸にもなります。赤インクを入れたら赤くなります。黄色にも青色にもなれます。電気には水よりもっと形がないので、もっと色々の形になります。扇風機《せんぷうき》の中に入って風となり、電球に入って光となります。テレビに入れば、美空ひばりにも石原裕次郎にでもなります。

仏教では、ブッダには形がないから、どのような形にでもなれると教えるのです。人間を救うために必要な、どのような形にでもなって私を導くのです。なのに、形がないのだから形を作ってはいけないというなら、無形という形があることになります。つまり、像を作ることに、あまりに否定的すぎる宗教は、偶像崇拝なのです。無形にとらわれて形にこだわっていることになるのです。とくに、像を壊すような「無」を求めることは、形にこだわって形から出られていないのです。

ここが、仏教の特色を見ることができる部分です。仏教は「無」を超え、無をも否定するために「空」を取り込んだのです。他の宗教は「無」に終わって、無の中だけで語っているのです。仏教は「空」の教えから、本当に形にとらわれないがどのような可能性をも包括した教えを伝えようとしているのです。人間が想像して作り出した既成概念《きせいがいねん》は、枠《わく》の中に閉じこめられた心として、そこから解放するのが仏教です。

つまり、仏教も「偶像崇拝」を否定しているのです。しかし、仏教のこの深い哲理を知らない人から見れば、仏教は偶像崇拝だと誤解されるという欠点があることは認めなければならないでしょう。あえて、その欠点を押していまの姿を取っているのは、民衆に簡単にブッダの存在を知らせるためです。

蓮如《れんにょ》は、「木像《もくぞう》より絵像《えぞう》、絵像より名号《みょうごう》」といわれました。木に刻んだ仏像を拝むより、絵に描いたブッダのほうがいい、それよりもブッダの名前を書いた「名号」を拝むほうがいいという意味です。ところが、本願寺はもちろんのこと、全国のあらゆる寺は、蓮如のいう逆をやっています。

それは、なぜでしょうか。これが現場の教学だと思うのです。形のあるほうが、民衆にはわかりやすく敬いやすいと考えたからでしょう。現に『無量寿経』（『大経』という）や『観無量寿経』（『観経』という）では、シャカムニの力によって弟子アーナンダや信者イダイケ夫人にアミダ仏の姿を見せ、拝ませているのです。姿を見せたほうがわかりやすいということです。

偶像崇拝とは

では、「偶像」とは、どのような像のことなのかということを、ゲーテ（ドイツ人、一七四九〜一八三二）は『箴言《しんげん》と省察《しょうさつ》』にこのようにいわれています。

真実の宗教は二つしかない。私たちの内部に存在する「神聖なもの」を、まったくかたちのないものとして、認知し崇拝する宗教と――それを美しい完全な形あるものとして、認知し崇拝する宗教と。中間のものは、すべて偶像崇拝にすぎぬ。（『ゲーテのことば』一四頁。大山定一訳、人文書院発行、昭和三二年五月二〇日初版）

美しく完全な形あるものや、教えを忠実に表現した像を拝むことは、偶像崇拝とはいわないといいます。お経によりますと、ブッダの姿は人間の形を取りながら、人間とは違う三十二種の外面の姿と、八十種の内面の姿があるといいます。

……これを、「三十二相《そう》八十随形好《ずいぎょうこう》」と呼びます。

たとえば、三十二相を現す仏像では、普通の人より手が長いのです。どんな遠い者も救うという意味です。そして、指の間には、カエルのように水掻《みずか》きがあります。水の中でも自由に行動できるという意味です。鼻の下にはナマズのヒゲのようなものがあるのですが、実は触覚《しょっかく》です。キリギリスの頭にある触覚ですが、この触覚のおかげで真っ暗闇の夜でも自由に行動できるという教えを表しているのです。指の先がまるまると肉づきがいいのは、慈悲の優しさを表しているのです。

このように三十二種の教えが、形にされているのです。本願寺など本山といわれるところでは、末寺の仏像もこれらの形がキッチリとできた仏像でなければ拝んではいけないといっており、鑑定《かんてい》するシステムがあります。どんな形でもいいというのではないのです。

しかし、皆さまの家で拝む場合は、本願寺では絵に描いたブッダを拝むように勧めています。そして、仏壇屋が手抜きをしていないかぎり、かならず絵像の裏には「方便法身《ほうべんほっしん》の尊像《そんぞう》」と書かれています。「方便」というのは、真実に導き入れる方法という意味です。仏像を拝む利点として、仏教では三十二種の教えが一気に伝達できることをあげています。文字や言葉で教えるなら大変な時間と説明が必要となるのです。だから仏教では、意味のない偶像を崇拝しているのではなく、教えを伝える方法として像を拝ましながら、教えを形にして崇《あが》めるという意味になっているのです。

仏像と教法

仏像に、ご飯《はん》を供《そな》えます。午前中だけ一回です。これは、シャカムニが一日一食主義だったからです。シャカムニは、毎日、早朝に托鉢《たくはつ》に出かけ鉢《はち》（食器）を持って歩くと、道ばたで待っていた信者が朝の食事を分かち与えるのです。修行者（僧侶）たちがもらってきた食事を一枚の布の上に集め、その布の周りに修行者たちが座ります。そして、それらすべてを混ぜ合わせて、欲しいだけをいただいて食べるという食事方法を、一日に一回だけ午前中に行いました。本願寺では早朝にあげ、十時の日中の勤行《ごんぎょう》が終わった時点でおろし、昼からはあがってないのです。

仏教で仏像を拝むということは、目の前に「ブッダがいますがごとく」にするわけです。

だから、シャカムニの日常生活に合わせ、決して生き物を殺した魚や肉や油はあげてはいけないのです。すると、植物も命があると考えますが、「有情《うじょう》」といって感情を持った生き物がいけないと考えてください。ナイフで切れば痛いと感じたり、親子の情などのある動物は殺さないようにということです。

インドではお花も「盛花《もりばな》」といって、お盆に花だけを摘《つ》んで盛り上げています。幹《みき》を切らないので、死滅しません。日本では、根元から切りますので、花の木全体が枯れてしまうのです。花だけなら枯れる心配がありません。熱帯では、花だけならまた別の枝からも、次々に出てくるのです。

真宗では、東西の本願寺で拝む仏像が違っています。東本願寺では、『大経《だいきょう》』のアミダ仏を拝んでいますが、西本願寺では『観経《かんきょう》』に出てくるアミダ仏を拝んでいます。東本願寺では、親鸞が真実の教といわれた『大経』に出てくる、弟子のアーナンダが見た空中に浮かんだアミダ仏の姿を拝んでいます。ところが西本願寺では、信者だったイダイケ夫人が拝んだ、『観経』の空中に現れた仏像だというわけです。

ここで、昔から議論されることは、東本願寺は真実の教に出てきたお姿こそ、当然、真実の姿だというのです。しかし、西本願寺の言い分は、『大経』はアナンという聖者（声聞）

が見た姿であって、凡人が見たブッダではないという反論をします。それに対して、『観経』のイダイケ夫人は凡人であって、私たちと同じ普通の人間がシャカムニの力によって見ることができた姿を仏像にしたというのです。どちらも三十二種の姿は同じで、正しい教えに合わせて拝ませているのであって、あえて区別をいえば、後ろの光背《こうはい》だけが違っており、東本願寺では後ろから蓮の花が足下《あしもと》に覗《のぞ》いており、過去・現在・未来の三世の時間の存在を表しているのです。西本願寺ではオーラを表わす光背となっています。

仏像が金色に輝いているのは、『お経』には極楽浄土の住人は皆金色だと説かれているからです。その理由は、金は永遠にサビなく朽《く》ちることがないからです。そして、金はどこに持って行っても価値が変わらないのです。昔もいまも、アジアでもアフリカでもアメリカでも価値が変わらないのです。

この世は、皮膚の色が違うという理由だけで、差別が生まれ殺し合いまで起こっています。嫁入り前の女性は、色が白いか黒いかで大変悩むのです。黒人は、暑いところに住んでいたということでそうなったのですが、そのために白人の世界では不幸な境遇を背負わされます。神はなぜ、このような犠牲を人間に払わせるのでしょうか。黒人からは黒人しか生まれないという、染色体の遺伝子情報に対して、人間の原罪だというのは酷《こく》です。神が黒人として生んだのか太陽が黒人を生んだのか。

ブッダは、極楽に生まれてきた者すべてを、金色にするといいます。本当の極楽では色や形に捉《とら》われない世界ですから、色や形は関係ないのでしょうが、この世の悩みに答えたと考えてください。色の違いで悩むことはないのです。いつの時代にも、どのような時代にも、価値の変わらない色にすると学ぶのです。この仏教こそ、いつの時代にもどこに持っていっても、価値の変わらない宗教を目指したといえます。仏教は、教えに合わせて色や形を作り出し、仏像でもって大切な教えを伝えているのです。

シャカムニが最晩年になり、死が近づいてきたとき、弟子たちがシャカムニの死後が心配になったようです。つねにお側《そば》につかえておられた、弟子アーナンダが代表して「シャカムニの亡きあと、何を頼り、何を拝めばいいのでしょうか」と尋ねました。すると、八十歳近いシャカムニは、「ボロボロになった私の姿を見て、なんの安心があるのか。われを見る者は法(真理)を見る、法を見る者はわれを見る」と答えられました。つまり、シャカムニの像を見るということは「法（真理＝教え）」を見ることだと、また「法」を見ることはシャカムニの像を見るのだといえる。

すると、お経という教えを学ぶ者は、シャカムニの姿をいただくのですから、キリスト教のように『聖書』だけでいいのです。しかし、シャカムニは逆の言葉もいっているのです。シャカムニの姿を見るということは、教えを見ることになるというのですから、シャカムニの姿に真似て仏像を造り、法を見なさいと教えているのです。つまり、キリスト教やイスラム教では「無形」の「無」に傾き、仏教はあるとかないとかを超えた存在という、「空」の思想の宗教といえましょう。

かくて、仏教では仏像をとおして、教えを拝む方法を取り入れたのです。シャカムニやイエスやマホメットなど、教主が生きておられたとき、あまりに尊敬する思いから彼らのお姿を拝んだ者もいたでしょう。お姿が亡くなったあとも、目の前にいますがごとく姿を作られたとしても自然の成り行きと考えられましょう。そのような考えを壊《こわ》そうとする考えこそ、平和に背反《はいはん》しているのではないでしょうか。

あとがき

　以前、私が出版した本『親鸞聖人の現場の教学』で、私の記憶違いからイギリスの歴史学者・トインビー氏をバートランド・ラッセル氏と誤記しました。しかも、私を引用した対尾準三郎《つしおじゅんざぶろう》氏に、大変なご迷惑をおかけしたことをこの場でお詫びします。その記述とは、三十五年ほど前の毎日新聞の正月号に記載された、トインビー氏の〝二十世紀の、人類の共通の話題は経済であった。二十一世紀の共通の話題は、宗教であろう〟と予言《よげん》された一文でした。

　キリスト教を愛した法王さまからの仏教批判を無駄にしないよう、仏教徒として堕落した仏教の再生に少しでも役に立てばと思います。この本の命題は、キリスト教への仏教からの疑問を伝え、仏教の深遠な教えが世界を折檻《せっかん》しなければ、平和は実現しないことを伝えたかったのです。ただし、仏教が世界を折檻するには、あまりに仏教は歪められていますす。とくに真宗の歪みは、親鸞さまの元の姿をとどめていないほどです。仏教修正が起こらなければ、日本はどんどんキリスト教化して行くと考えます。もし、日本が経済破綻をして最貧国になればイスラム化するでしょう。

親鸞さまは、仏教が倒れるとすれば「獅子《しし》、身中《しんちゅう》の虫に倒《たお》る」といい、外圧ではなく内部の堕落といいいます。私はこの本を書くにつれ、キリスト教への対応論を考える前に、仏教が伝道方法と利他行を学ぶことが急務という思いを持ちました。その思いが読者に伝われば幸いに思います。次の出版として、バルトから浄土教が批判されていること対するに反論を書きたいと思います。

出版にあたりご協力いただいた、佃宣昌・神内正信・中原大道法友、また出版社の今野様やスタッフの方々に、紙面を持ってお礼の言葉と変えさせていただきます。合　掌

【募集】真宗探求の呼びかけ

わずかでもいい、真宗に疑問や意見を持ち、改革を願っている方たちの学び合える会を開きたいと思います。フリートークによって、親鸞さまの真宗とは何であったかを探る学習会にしたいと考えています。

是非、ご参加をお願いいいたします。ご賛同される方は、住所・氏名・生れ年・職業・電話番号・Eメールなど連絡先をお知らせくださいませ。

宛先／〒七六〇－〇〇八〇　高松市木太町二区一六七三　入井善樹
（TEL 〇八七－八六一－九八六八、FAX 同手動、
Eメール　irii2@silk.ocn.ne.jp）

《著者》

入井善樹（いりい　ぜんじゅ）

1943年　香川県に生まれる。

1965年　龍谷大学真宗学卒業、伝道院終了。

1967年　毎日の門信徒参りで、聖典の繰り読みをはじめて、いま親鸞の著述を300回から400回拝読するに到っている。

1972年　ノドをいため手術をして、作陶で生計を立てようと志す。
このころ、大谷派の藤本正樹先生に出会い、5年ほど毎月の講義を受ける。

1973年　自業苦焼の業苦落窯を開く。県展に10年ほど入選。

1975年　すでに関心のあった平和運動に疑問がおこり、貧富の格差が紛争を生み起こしていると感じ、世界連邦協会に共鳴して自分なりに10年ほど努力したが、運動にまではならなかった。
このころ、興正派の田中照海先生から8年ほど、毎月の講義を受けた。田中先生の死後、岡亮二先生が年二回ほどの講義を引き継ぎ5年ほど続けてくださった。

1976年　インドに参拝して、仏教が滅んでしまっていたことに衝撃を受けた。
以後、東南アジアから中国の仏跡を巡ってわかったことは、現世利益を説く仏教は盛んであった。そして、上座仏教は生き残っているが、大乗仏教圏はすべてイスラム教に浸食されていた。

1977年　日本で最初のテレホン法話を開設。　☎ (087) 862-3101。

1980年　陶芸で日本新工芸会に入選。以後3回入選。

1982年　陶光会全国展で東京都知事賞受賞。県展にて奨励賞受賞。

1984年　広島平和記念式典に参加。広島別院で「念仏者の平和運動」を主催した。参加者の運賃を、インドの仏跡の砂を入れて焼いた茶碗を作り捻出した。

1985年　本堂再建。

1988年　「真宗の広まりと深まり」に関する論文を勧学寮に提出、審問の結果、すべてが間違いといわれ、奮起して出版に勢力を注ぐようになった。

1996年　東雲の会（中途障害者小作業所）を、6人の友人とともに開設。

《現在所》

〒760-0080　高松市木太町1673　☎087-861-9868

《著書》

『てれほん人生講話』(潮文社)、『日々のびやかに』(新日本印刷)、『親鸞聖人の現場の教学』(法蔵館)、『ゆがめられた親鸞教学』『親鸞念仏の可能性』『ふかまる横超』『親鸞の霊性』全四冊(国書刊行会)、『反差別の教学』(永田文昌堂)ほか。平和運動の小冊子など。

《論文》

1990年　『東方』6号、中村元著 ──『岩波仏教辞典』に対する西本願寺派からの訂正申し入れをめぐっての論争』── の211頁に拙稿が採用引文された。

2004年　『東方』20号、『親鸞の利他の思想』──『教巻』と『行巻』のめざした「利他」について──

2005年　『東方』21号、『続・親鸞の利他の思想』──『信巻』と『証巻』のめざした「利他」について──

2006年　『東方』22号、『続々・親鸞の利他の思想』──『化巻』の宗教摩擦と「おまかせ」──

2007年　『東方』23号、『親鸞の《ひろまり》』の教学──『師徒行伝』に対応できる『行巻』──

2008年　『東方』24号、『祈り禁止は親鸞の錯覚か』

法王《ほうおう》さま、親鸞《しんらん》が答えます
──なぜ、わたしはクリスチャンにならなかったか

ISBN978-4-336-05443-2

平成23年8月25日　初版第1刷発行

著　者　入井　善樹
発行者　佐藤今朝夫

〒174-0056 東京都板橋区志村1-13-15
発行所　株式会社　国書刊行会
電話 03(5970)7421　FAX 03(5970)7427
E-mai : info@kokusho.co.jp　URL : http://www.kokusho.co.jp

落丁本・乱丁本はお取替えいたします。　印刷 ㈱シーフォース　製本 ㈱ブックアート